雄奇山城

一个外国人亲历的新重庆

[英] 詹姆斯·亚历山大（James Alexander） 著

钟鹰翔 译

外文出版社
FOREIGN LANGUAGES PRESS

重庆出版集团
重庆出版社

目 录

前 言 i

第 1 章 发展：从西南重镇到世界名城 1

第 2 章 交通：从深居内陆到国际交通枢纽 51

第 3 章 产业：从劳动密集型经济向高新时代的转变 95

第 4 章 环境：从"雾都"转型为绿色发展 131

第 5 章 乡村：从自力更生走向繁荣振兴 179

第 6 章 文化：非物质文化遗产焕然复兴 221

后 记 266

前　言

普普通通的一次邂逅，可以改变一个人的人生旅程。我和中国——具体来说，是和中国重庆——之间的长久缘分，恰好为此提供了例证。当年，年轻的我正是因为来到了这座异域风情十足且名字又十分陌生的城市，经历了婚姻、创业与其他种种事情，人生才会如此不同。

多年前，我从故乡英国一所大学的法语系毕业，一时之间工作没有着落。在收到一封关于教师培训的广告信时，我立马就决定试一试，尽管我并不打算在英国从事教师职业。在一次培训会上，组织者说我们有可能去中国教授英语、体验生活。之前的我可从来没有萌生过这个念头。

1988年，英国莱斯特郡和四川省建立友好关系。郡政府大厦楼外的公示板上，颇为骄傲地宣告了这个消息。对于这段友好关系，我不太在意，而我的导师却觉得这是一次事业发展良机。一天，她郑重地把我推荐给对方，还留下可以联系的相关电子邮箱地址。我随即联系了对方，从回信中我了解到了享有"天府之国"盛名的四川省的基本概貌。信中还表示，如果我想去四川省工作，需要向总部设在伦敦特拉法尔加广场的英国文化教育协会提出申请。

及至此时，我对中国还是感到完全陌生，完全不知道在那边生活需要注意些什么。幸好，此前我的一位朋友去过中国教学，还独自待了一年多。应我的要求，朋友回顾了自己在中国的生活情况，言语中不乏赞美之词。她说起她可爱的学生们，描述了院墙上毛泽东主席像的样子，还提到她曾在如诗如画的云南大理的浪漫邂逅。她甚至写下几个基础的中文句子供我参考，比如"tai-gui-le"，也就是"太贵了"的意思。"太贵了"，印象中这应该是我学会的第一句中文，至少也是最初烙印于心的中文。

为了得到法语学位，我付出了大量的时间，同时还花费了不菲的学费。但是，一想到我能前往中国并学习普通话，心里就很高兴。学普通话，当然是一件说来容易、做起来难的事情，还好我父亲和亲朋好友们纷纷表示支持和鼓励。去中国生活，不能不说是我一生难得的好机会，如果我拒绝，一定会后悔终身。于是，我按照规定向英国文化教育协会提出了前往中国的工作申请。申请过程耗时并不算长，却为我揭开了一段全新而意想不到的人生篇章。

回首当年，那时的我还真是一个赴华工作的理想人选——一个22岁的年轻人，拥有学习法语的坚实基础。凭借这一点，就能让我很好地克服学习中文上的重重困难。此外，在大学期间我曾参与"国际英语教师资格证"（TESOL）项目，积累了不少教学经验。同时，我还没有工作和家庭上的牵绊。

那么，唯一的问题来了：中国如此之大，我应该去哪座城市开展事业呢？

最终，两个原因促使我走进了四川，并最终落户在重庆。后来，重庆成为继北京、天津和上海之后，中国的第四个直辖市。

前言

1988 年，莱斯特郡和四川省缔结友好关系，莱斯特市也于 1993 年与重庆市结为"姐妹城市"。我不是个迷信的人，也不相信什么"命中注定"。但是，家乡与重庆的这层联系，似乎也对我的选择有所指引。

菜肴，无疑是吸引我前往重庆的第二个原因。我很快就了解到，川菜以辛辣闻名。有人告诉我，川菜的样式数不胜数，而且当地人特别喜欢在菜肴上满满地浇上一层辣椒。本人向来无辣不欢，自然也把口味问题作为选择去向

位于重庆市渝中区的标志性建筑人民大礼堂（摄影：詹姆斯）

iii

的重要因素。如此一来，我的去处只剩下两个可能性：要么成都，要么重庆。

我在网络上好好地搜索了一番，并未发现有太多成都或重庆的街景。输入重庆这个名字，我看到的绝大多数网络照片都是位于重庆市渝中区的标志性建筑——人民大礼堂。至于成都，给我留下最深刻印象的则是四川省科技馆门口矗立的那座毛主席塑像。

后来，祖母告诉我，重庆曾是英国著名的旅行节目主持人迈克尔·帕林（Michael Palin）在1981年环游世界旅程中的一站。想方设法弄到帕林节目的录像带之后，我平生第一次有幸得见重庆生活的真实场景。实话实说，这个第一印象不算太好。当时给我最深刻的记忆是：重庆的浓雾密密实实，好像毯子一般；重庆的挑夫——也就是当地最负盛名的"棒棒军"，他们肩头的竹制扁担荷着常人难以想象的重物。我还记得帕林光顾一家街边理发店的场景，记得路上行人投向他的诧异眼神。看来即便在重庆最为中心的地段，外国人也是如此罕见！

当然，中国的发展日新月异。一段摄制于1981年的中国影像，实在不足以帮助我了解2003年时的中国现实。我的一位朋友倒是推荐我把成都作为前往中国工作的第一站。这位朋友经营纺织品生意，曾在20世纪80年代多次访问成都。

我本想听从朋友的意见，可是，申请前往成都的人实在太多，超出了当地学校能够提供的职位名额。有关部门请我重新考虑申请重庆这个选项。于是，我决定前往重庆。

当时，我心中半是兴奋，半是对于踏入未知地的忧虑。没想到的是，在我即将走上全新人生道路之时，竟然"惊险"不断——比如，我办理中国工作签证所需的中方颁发的外国专家证（Foreign Experts Certificate）

迟迟未寄到，在我去中国驻曼彻斯特领事馆办理签证加急服务的当天，那本有着红色外皮，封面上印着明黄色字样的"外专证"才漂洋过海来到我手上。在我准备登上从希思罗机场飞往浦东的班机当天，伦敦又卷入了夏末的季节性交通大堵塞，这场乱子差一点让我误机。还好，当我急匆匆地冲向值机柜台时，工作人员给了我优先办理的待遇。一场忙乱，最后还是有惊无险地登上了飞机。

踏上中国领土接下来的3个星期里，我在上海参加了一个培训班，学习如何为中国学生提供教学服务。培训班结业之时，主办方为参训的60多位外国教师准备了盛大的欢送派对。此后，我们将各奔前程。我跟这些同学在初来乍到时有着这段共同经历，但后来又和其中的绝大多数人没了交集。唯一一个例外是一位苏格兰籍的朋友，回英国时我俩还会见面，一起回忆当年的情谊往事。我还记得，培训班设在上海大学悉尼工商学院（SILC）的校园里，日程安排得相当紧凑，课程与实践排得满满当当——如此安排，大概是为了降低某些学员外出玩乐的机会。当然，紧凑的课程也对我们未来的教学工作大有裨益。

3周的培训中，我去上海市中心游览过几次，并登上了金茂大厦的观景台。当时的金茂大厦是上海的最高建筑，但被后来新建的上海中心大厦比了下去。上海中心大厦的拔地而起为当地的天际线增添了新的风景，也让我对中国的飞速发展有了更深刻的认识。然而，对我而言，真正的中国之旅是从搭乘前往重庆的火车开始。这是一次长途跋涉，前后花去55个小时——这是由于途中一次又一次的耽搁，我们不得不改道从贵州省绕行。不久之后，怀化铁路的建成大大缩短了上海到重庆之间的旅程。十多年后兴起的高铁，更是进一步拉近了这段距离。

按照原先的计划，我只打算在中国停留一年便返回英国。没想到，我是如此适应重庆的生活，语言学习方面也是进步显著。我还觉得，当地实在有着太多的事物值得我进一步去了解。就这样，我在重庆中学的外教生涯一直持续到了2007年的中国春节。在此之间，重庆发展得实在迅猛，重庆的变化几乎达到了日新月异的地步。

当时，我在妻子的建议下决定前往韩国生活。我和妻子在2005年底就结了婚，不过都还年轻，也没有子女的负担。在韩国期间，我和妻子分别在东豆川（Dongducheon）和九里（Guri）两座城市工作，过了整整4年的异地分居生活。在韩国期间，我俩每年回重庆至少一次。每次回去，我们都会惊讶于重庆的巨大变化。直到今天，我们都会时不时讲起那时目睹重庆日新月异的种种感觉。我们在韩国的时光非常开心，不过，2011年我们还是决定回到重庆。此后的我开始寻觅全新的事业方向，想要得到更广阔的学习经历，获取教育界之外的人脉关系，以及更好的职业满足感。不知不觉，重庆已成为了我的家园，我也希望能为重庆的发展作出自己的贡献。

2018年8月，重庆国际传播中心的媒体平台正式上线。重庆国际传播中心同时开通了官方网站，以及在脸书（Facebook）、推特（Twitter）和油管（YouTube）等国际媒体上的官方频道。很快，我就兴致盎然地开始观赏重庆国际传播中心发布的各种视频。只要他们的报道上线，我就一定阅读。此时，我也开设了自己的网站，并通过网络介绍我在重庆的生活。渐渐地，我积累了不少运营媒体的技巧。

也许是命运的又一次安排，我在重庆国际传播中心账号下的热心评论引起了主办方的兴趣，而后更是赶上了中心总部发起的一轮大型招聘，于是我成为了重庆国际传播中心的一员。

在此后的几年里，我报道了重庆在政治、经济、文化和旅游等多个领域发展的故事。最初，我侧重于报道消除贫困和乡村振兴等国家重大课题。我经常报道国际会议，包括历届中国国际智能产业博览会和中国西部国际投资贸易洽谈会。与此同时，我还与其他媒体及相关方联合制作了旅游视频日志（vlog）、直播、纪录片和宣传视频，并定期参加以历史、文化、旅游和发展为主题的现场活动。

我去过重庆市的每一个区县，有幸体验到了当地独特的美景、风俗、特产，当然还有热情的民众，他们总是让我感到宾至如归。我还采访了来自各行各业和社会各阶层的人，从国家大使、国际组织负责人到偏远但美丽的乡村的村民，他们向我讲述了自己鼓舞人心的故事。

在这本书中，我的目的是从一名长期居住在重庆的外籍人士角度，通过我的日常生活、工作、旅游以及与当地社会人士的广泛接触，描述过去20年来重庆取得的发展。但要知道，每个外国人对中国的经历都有自己的感受和体会，并可以从不同的角度解读这些经历，这一点至关重要。虽然大多数外籍朋友在重庆适应得很好，融入了当地社会，积极地对待生活，但我也认识一些人，他们真的很难适应不同的文化、语言和生活方式，最终选择了回国。

我自己的经历自始至终都是非常积极的，我第一次来到中国的时候还是单身，对一切持有冒险精神和开放的态度。在20年的时间里，我从一个刚毕业的年轻人逐渐成长为丈夫、两个女孩的父亲和职场人士，前方的道路有着无限可能。

一路走来，我也得到了朋友、家人、同事和领导的大力支持和宝贵建议，我永远感激他们，并期待着未来美好的几十年。

因此，读者会察觉我的愿望是传达自2003年以来所见证的重庆令人难以置信的经历和进步，我真诚地希望读者能够暂时放下他们可能有的成见和社会政治动机，通过我的眼睛来看看重庆所取得的巨大变化，见证一个在莱斯特郡出生和长大的普通人，是如何经历了一场非同寻常的命运转折，并亲历重庆的现代化进程，看看这座城市是如何摆脱过去在国际上籍籍无名的窘境、发展成为今天的国际大都市的全过程。

最后，我要向外文出版社和重庆出版集团表示衷心的感谢！感谢他们提供这个宝贵的机会，让我接触到国内外的读者，分享重庆发展的故事。我还要感谢重庆国际传播中心的支持，他们为我提供了一个独特的机会，让我能够更多地了解重庆及其发展。同时，我也要感谢我的朋友、家人和同事在半年多的时间里对我的不断鼓励，使我在兼顾工作任务、家庭责任的情况下完成了这本书的撰写。

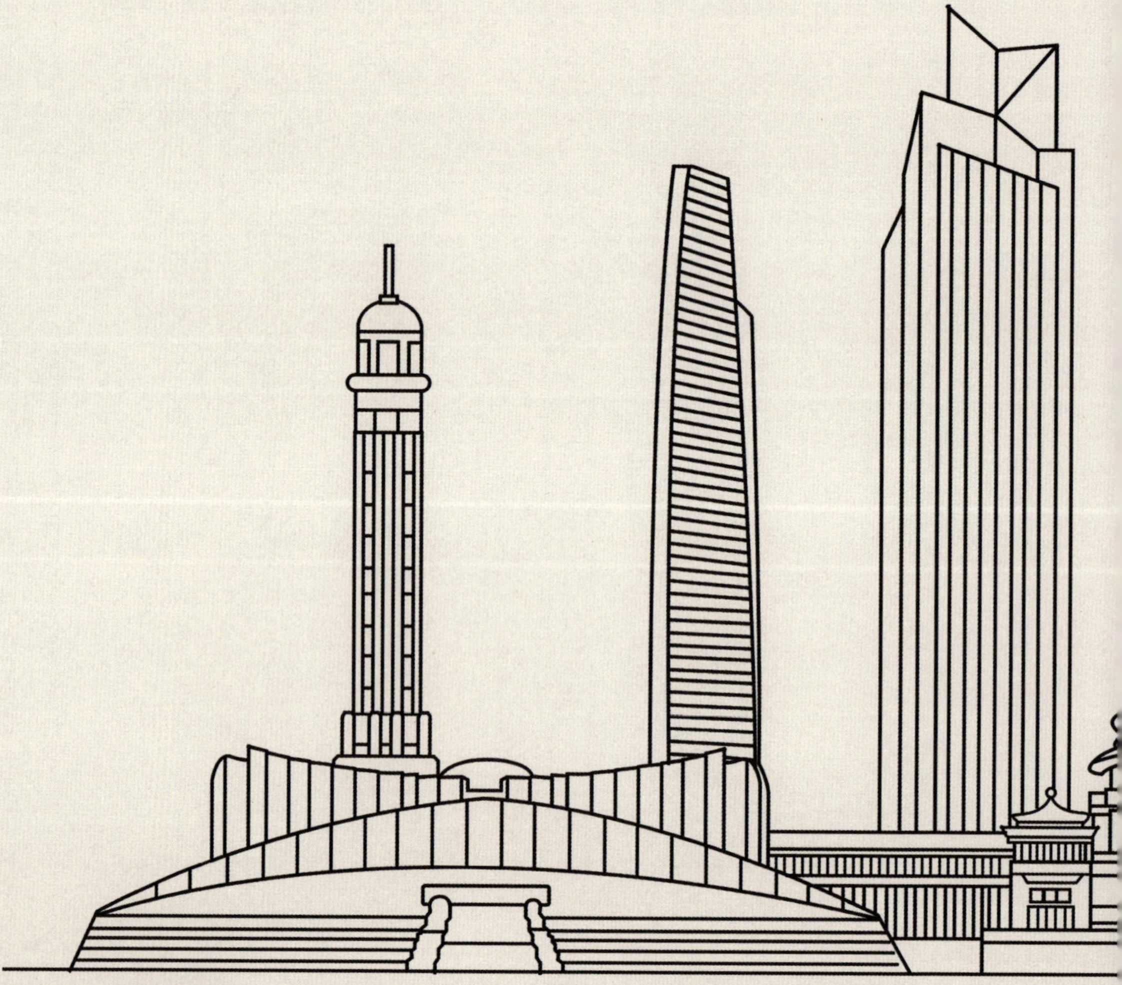

第1章

发展：从西南重镇到世界名城

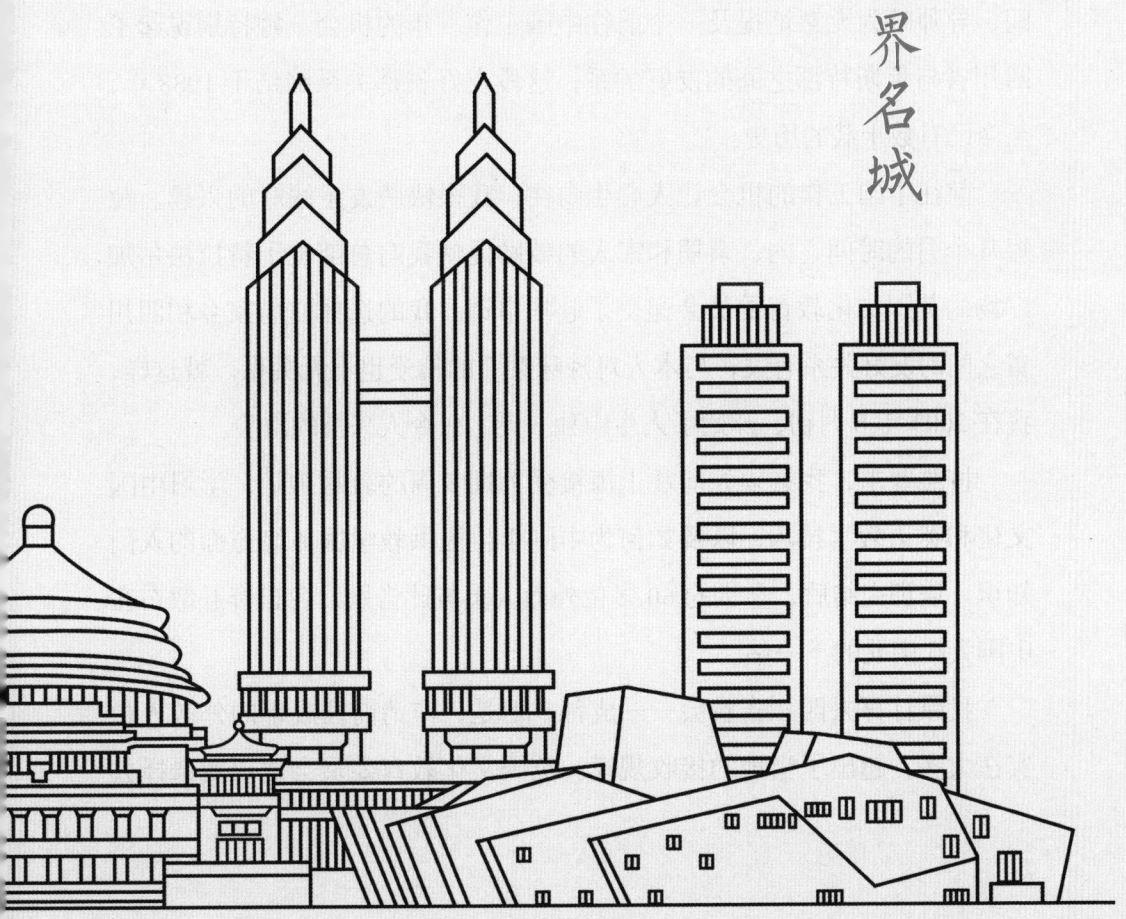

缘起

回首过去的20年，由于各种原因，大学毕业之后的短短几个月内，我的人生走上了一条意料之外的道路。

原本，我可能会在家乡东米德兰（East Midland）周边找一个工作，从事的职业也应该和我刚刚拿到的法语学位有关。可是，机遇引导我走向了中国那个我从未听闻过的神秘西南地区，让我的命运突然来了一个翻天覆地的扭转。

那是一个惬意的秋日下午，我们一群预备教师参加了一次会议。其间，导师颇为无意地提及一个前往中国工作一年的机会。她特别说起了四川省与莱斯特郡之间的友好关系，这段友好省郡关系缔结于1988年，至今已有数十载的历史。

前往中国工作的机会让人心生向往，我很快萌发了浓厚的兴趣。短短几个月的时间之内，亲朋和家人的鼓励促使我向总部位于特拉法尔加广场的英国文化教育委员会递交了赴华申请。我的选择，与家乡和四川省之间的友好关系有关，与本人对辣味菜肴的偏爱也不无关系。就这样，我在2003年8月初，开始了人生中独一无二、令人兴奋的冒险。

按照要求，我必须先前往上海接受为期3周的教师培训，学习中国文化和英语教学技巧，以及如何为中国学生提供教学服务等方面的入门知识。培训完结后，参训的60多位外教人员彼此告别，各自奔赴散布在中国大江南北的下一站。

我原打算去四川省省会——成都，但是，申请前往成都的外教人员实在太多，超出了当地的接收规模。英国文化教育委员会建议我选择去

第 1 章
发展：从西南重镇到世界名城

重庆，我比较随性地答应了。而后，我开始搜索一切关于重庆这座城市的种种信息。要知道，重庆这个地方对我而言前所未闻，我身边认识的人也都对它一无所知。

至于成都，我在英国的时候，从自己的朋友圈里模模糊糊有所听闻，不过这点了解很大程度上也是由于成都的熊猫。而且，我家里有一位熟人曾在 2000 年之前，多次前往四川采购纺织品。与之相比，重庆对我们而言真是很陌生，仅仅是一个不熟悉中国情况的英国人耳朵里留下的一个中国地名而已。

通过当年红极一时的雅虎搜索，我从网络上看到了重庆的一些标志性建筑。其中出镜最为频繁的是解放碑和人民大礼堂，以及一些游轮——

旧时洪崖洞（摄影：戴前锋）

停靠着游轮的朝天门码头
(摄影：帅世奇)

　　它们要么停靠在朝天门码头，要么就游弋在长江三峡之中。除此之外，网络搜索获得的重庆照片反映的大多是色调灰暗的城市，透过浓浓的雾霭，山峦依稀可见。

　　出发之前，我购买了一套当年知名旅游丛书中的最新版中国指南，并直接翻到有关"重庆"的那一页。我只想知道，前方到底会有怎样一番风景。由此我发现，指南中提到有关重庆的某些事实确实相当吸睛。比如，按照人口规模，重庆是当时全球人口最多的城市，这一点实在有趣。考虑到知晓这一情况的人并不太多，我就更是讶异了。而后，我进一步了解到，重庆直辖市全域面积达到 8.24 万平方公里，几乎和韩国一样大。而且，有约 3200 万人生活在这座城市。不过，重庆全境并非一个单纯的城

第 1 章
发展：从西南重镇到世界名城

市。事实是，重庆存在一个"主城区"，拥有近千万居民，剩下的两千多万人则散居在各个远郊区县和乡镇。有些区县和乡镇距离主城有好几百公里。

当时的我对中文一窍不通，不过，"重"与"庆"这两个汉字所代表的"双重"与"喜庆"的寓意仍然给我留下了深刻印象。查资料得知：重庆这个名字源于宋朝，与宋光宗赵惇有关。因赵惇曾被封为恭州王，他当皇帝后，将恭州改名为"重庆"，寓意"双重喜庆"。

随着阅历的增加，我进一步了解了重庆主城之外的一些旅游胜地，比如大足石刻。不过，

大足石刻被联合国教科文组织列入《世界遗产名录》，享誉世界（摄影：郑文武）

大多数重庆区县当时尚未在主流的旅游市场上崭露头角。这一点倒也不奇怪,基础设施建设的欠缺,让游客难以涉足。而且,大多数西方游客只把重庆当作踏上长江三峡游船之旅的中转站而已。当然,三峡沿岸的重庆市境内,分布着无数景点,例如丰都鬼城、忠县石宝寨和奉节白帝城。搭乘游轮的游客,完全可以游览这些地方。

长江游轮旅游线路上的重要景点——奉节白帝城
(摄影:帅世奇)

几乎所有的旅游指南,都会提及重庆作为"雾都"的名号。这里的雾既有地理因素,也有人为因素。四川盆地的亚热带平原上汇聚了许许多多的大型河流,如果从空中俯瞰,众川汇聚的情形显得极为壮观。河流周边巍峨的山脉——比如北边的大巴山脉和东边的巫山山脉——也十

第1章
发展：从西南重镇到世界名城

分显眼。重庆境内也有数条互相并立、延绵上百公里的高山。山间葱翠的槽谷地带，正是大型都市区的所在地。山麓和山脉间的高地上，则分布了不少小镇与村庄。如此的地形，加上天然潮湿的气候，造就了这座浓雾时时造访的城市。厚重的云层，使得此处的日照时间大大少于中国其他地区。

尽管如此，本世纪早期，工业造成的浓重烟尘在重庆市区边缘时常可见。这与自然气候相叠加，使得重庆上空曾经总有那么一层难以刺破的雾。

为了在出发前对我的目的地有一个清晰的了解，我特意求购了一卷旅游节目的录像带。录像带的节目中，英国著名的旅游节目主持人迈克尔·帕林（Michael Palin）正在完成他史诗一般的"环球之旅"，而重庆是其中一站。节目出品于20世纪90年代，距离我观赏的日子已经稍显过时，很难让人留下什么印象，唯有城市上空的雾罩，把重庆和帕林途经的其他同样位于长江沿岸的城市区别开来。

踏上从伦敦希思罗机场前往上海浦东的航班并开启自己的初次中国行程之前，我对于重庆的了解仅限于上述信息。我的这点认识，正好反映了20年前西方人对重庆的陌生。不过，出发的那天天气很好，我是年轻人，富有冒险精神。这独特行程的种种遭遇，我都抱着开放的态度。我还相信，英国文化教育委员会和中国方面一定会如他们保证的那般关照我。事实证明，双方并未食言。

重庆初印象

我真正见到重庆的第一眼，还在从上海出发、经历了漫长的50多个小时的火车旅程之后。在上海培训结束后，我准备出发前往重庆的时候，很多人都建议我购买一张硬卧火车票。可是，路途之中无数次的停车与延误，让我庆幸自己最终还是买了一张软卧火车票——软卧车厢是密闭的，而且只有四个床位，私密性因此更有保证，舒适程度也大为提升。即将抵达重庆之前的几个小时里，火车一直沿着长江行进。由此，我看见了一个又一个的宁静乡村，直至重庆渝中区高楼大厦的模样最终映入眼帘。

2003年8月下旬，我终于走出重庆菜园坝火车站，踏上了重庆这片土地。一位名叫露西（Lucy）的教师代表重庆市第八中学迎接了我，她将帮忙照应我在重庆这一年间的工作和日常生活。不过当时我并不知道，我在重庆一待就是3年半。排队等待登上那些明黄色的本地出租车的时候，我和露西立即陷入了行人、票贩子、挑夫、小贩和司机组成的洪流。那一刻，我感受到了重庆夏天特有的暑热与湿闷。

重庆这座城市和武汉、南京一起被认为是中国传统的"三大火炉"。其后数年之内，我逐渐习惯了重庆的气候。但最开始的那种炽热感觉，仍然给我留下了不可磨灭的记忆，就如同其他无数第一次来重庆的人一样。

值得一提的是，近年来建成的重庆火车北站、西站逐渐取代了我第一次乘火车抵达重庆时的菜园坝火车站。菜园坝火车站建成于1952年，并迎接了成渝铁路第一批旅客。作为新中国第一批基础设施建设成就的火车站，它在2022年6月19日送走了最后一趟传统"绿皮火车"：随着这辆前往哈尔滨西的K1064次列车驶出站台，菜园坝火车站也完成了其历史使命。当得知这个新闻时，我真希望那夜也能加入到由本地市民与退休车站员工组成的欢送大军中，在站台上为菜园坝站最后一班火车送行，并与近20年前我踏上重庆的第一片土地道别。

过去20年内，重庆的扩城规模实在不可思议。唯有亲眼见证过这一点的人，才敢相信其真实性。我仍记得，自己第一次穿越重庆市区的时

第 1 章
发展：从西南重镇到世界名城

候，这里的城市规模还仅限于东至南山、西到歌乐山的区域之间。江北区尚还沿着嘉陵江北岸发展，最远不过延伸到今天的观音桥 CBD 旅游区一带。重庆城市发展一路向北拓展了几十公里，随着 2003 年北城天街的开街，那个地方渐渐成为了重庆潮流商圈与娱乐设施的集中地。今天的年轻一代往往难以想象，如今他们习惯游玩的繁华地带在当年竟然是一片农田。如果从渝中半岛向南沿着长江眺望，会发现江南的南岸区也在随着江岸一路发展，绵延数十公里。其中，璀璨夺目的南滨路最为耀眼，"海棠晓月"

重庆北站已成为新的现代化标准交通枢纽（摄影：熊力）

这个曾经火爆的温泉度假村也十分醒目。

  以西方标准计算，重庆无疑是特大城市。可是，当年的重庆仍然由于山地带来的地理限制而显得有些逼仄。仅有的几座连接长江与嘉陵江两岸的桥梁都还非常狭窄。如此一来，两江四岸附近自然并非城市发展的首要选择。直至交通设施的完备，这一现象才得以改变。不过，重庆曾经较小的城市规模也给我的漫游带来了方便。市内川流不息的公交网络与多如过江之鲫的出租汽车，让我可以前往任何自己感兴趣的地点。无论白天还是夜晚，只要时间合适就可成行，唯一的挑战在于选好前往的地点。那时的重庆远不是今天这般热门的旅游目的地，相关设施并不完备。人们也没有动力去翻修历史遗迹，使之成为能够吸引游客的全新名胜。

重庆潮流商圈北城天街
（摄影：杨树平）

除了采纳本地朋友的出行建议，我还根据一个叫作"鸟瞰新重庆"的电视节目，为自己列出了一个旅游目的地名单。"鸟瞰新重庆"摄制组利用直升机从空中拍摄重庆风景，还配上了令人激动的背景音乐以及双语介绍。我还记得其中的一幕：摄制组实在考虑不周，就那样大大咧咧地驾着直升机从低空掠过一片供游客休憩的花园。游人们不得不死死抓住身边的牢固物件，才没有被气流卷上天。

随着一些主要的基建工程开辟出了全新的土地，重庆拓城也加快了步伐。一条条宽大的隧道打开了山脉的阻碍。比如，一条三车道的公路以及同向而行的轨道交通纵贯南山山脉而直通茶园——如今，此地已经成为重庆市区重要的一部分，容纳居民多达百万人。请注意，茶园地区的兴起，不过是南岸区扩城的缩影而已。

歌乐山西麓的大学城，也是重庆扩展的一大成果。由于一系列隧道与桥梁的完工，当地的大片平地成为新兴的拓城目标。同时，一大批高等教育机构纷纷搬迁来此，离开它们曾经占据而又拥有高度房地产开发价值的城市中心。目前，重庆大学城容纳的高等院校多达 14 所，其中就

包括重庆大学与四川美术学院。当地所具备的社交与商业设施据称能够为 100 万人服务。就如茶园是南岸区的延伸那般，大学城也被视为沙坪坝区的拓展。

不久之前，北碚还不过是重庆北郊的一座位置遥远的卫星小城。我第一次踏足当地还是 2004 年。当时，我的妻子携我一道拜访了她一位在西南大学学习的中学老友。那个时候，往返北碚与主城足够耗去一天之内的最美好时光，我们在颠簸的省道上足足消磨了 4 个小时的车程。而后不久，G75 兰海高速路正式通车，重庆到北碚的车程缩短至半小时。曾将两地阻隔的几十公里路程，其沿线地域成了新兴城区。曾经自成一体的北碚也变为重庆主城区的一部分。标志着城市界限所在的高速公路收费站，由此迁移到北碚中心的最后一个出口之外。

以面积论，重庆城区的规模拓展了足有两倍。如此估量可能还有些保守了。从建筑高度的角度出发，重庆城的摩天大楼建设也是方兴未艾，争夺着城市的制高点。越来越多的人涌入此地。新市民可能是为了寻觅

大学城是重庆扩展的一大成果
(摄影：熊力)

经济上的良机，也可能是从农村到城市定居，抑或是由于三峡蓄水区带来的生态移民。随着本章的展开，这些人口的历史变迁将为本书提供更多有趣的话题。

渝中半岛东端的解放碑步行街，是重庆市区最为重要、历史最悠久的商业区。如今，已有来自欧洲、亚洲、南美洲等地的多个国家在此设立领事机构。其中，英国总领事馆开设于2000年。面对新兴商业区的竞争，解放碑步行街成功捍卫了领先者的地位。它与时俱进，在2020年荣获"全国示范步行街"的荣誉称号。2021年，重庆开始了建立"国际消费中心城市"的计划，而解放碑正是其中重要的一环。"解放碑"这个名字，在中文里意为"解放纪念碑"，它代指了步行街中心那座宏伟的钟楼式样建筑。自 1947 年落成以来，它长期作为重庆的标志性建筑而存在，铭记着抗日战争的胜利。

曾经见证过 19 世纪 90 年代开埠以来重庆发展的古老建筑，以及林林总总、风格古旧的饭店和酒吧，无不是供我们探索重庆历史的途径。从网络上的老照片可以看到，解放碑曾在高度上睥睨周边一切建筑。这一点，如今实在难以想象。要知道，解放碑其实只有 27.5 米高，不过相当于四层楼高而已。

解放碑曾是重庆最高的建筑
(摄影：帅世奇)

时至今日，四周鳞次栉比、流光溢彩的一众摩天大厦早把解放碑比了下去。其中，339 米的重庆环球金融中心占据了制高点。在附近的联合国际写字楼，游客可以搭乘电梯抵达"云端之眼"观景台，一睹江景与山色映照下重庆的都市风光。夜幕落下后，高耸入云的摩天大厦群化身成为夺目的 LED

第 1 章
发展：从西南重镇到世界名城

"云端之眼"是重庆都市风光的最佳观景台之一（摄影：帅世奇）

屏幕，为闻名遐迩的重庆夜景增光添彩。LED 灯的内容通常是跑马灯一样的文字信息，而且常有精彩的灯光效果。远在数公里之外，也能让人看得赞叹不已。解放碑在高楼林立的重庆市中心变得不那么显眼，可以被看作重庆飞速崛起的一大见证。它看着这座城市从深居偏僻内地的落后状态，跃升成为当前的发达国际都市。如此成就只花了区区数十年。

来到重庆的头一年，人口密集、商业繁华的沙坪坝区成了我在此地新家的所在地。最终，我在沙坪坝区生活了足足 4 个年头。在此期间，

雄奇山城
一个外国人亲历的新重庆

重庆境内的最高建筑竟是一些居民楼。某些居民楼特色鲜明，实在令人难忘。三峡广场附近的华宇广场就属于这样一处居民区。我初次担任英语外教的那所中学正好位于华宇广场对面。我记得，广场商厦足有30层楼高。每一层楼的屋顶都呈圆盘形，仿佛飞碟一般。这些"飞碟"几乎和楼宇一样宽，每到晚间就会随着万家灯火的点亮而变得五光十色。来到重庆之前，我多数日子都在宁静的西欧城市度过。自然，重庆这个地方有着太多的新奇之处，叫我兴趣大增、乐于游览。三峡广场步行街正中那些仿造三峡大坝而建的装饰工程便是一个好去处。有些晚上，装饰工程的强力喷水装置还会喷出一道巨大的水幕，作为放映有声电影所用的幕布。微缩版三峡大坝旁边那处高高大大、呈锯齿状的三角形建筑同样也是不可错过的。如果想要与人在三峡广场的某处会合，这个醒目的地标无疑是最好的选择。从我的公寓窗户向南眺望，总会发现一处在晚上闪烁的激光光束。光源就在平顶山的方向，而我对那个地方一直十分好奇。数月过后的一天下午，我和学校顾问一起登上了平顶山山巅，遇到了一群放着带彩灯风筝的年轻人，我们一边品茶，一边俯瞰沙坪坝的全貌，我这点好奇心也总算得到了满足。

2003年的渝中半岛，解放碑附近还没有太多像样的摩天楼。属于大都会广场的办公楼宇算是当时为数不多的大厦代表。这片楼宇也曾是重庆国际化程度最高的商厦，英国公民可以去那里申领护照。本人的"外国人无配偶证明"就是在大都会广场拿到的。随着许多领事事务的外包，我等造访这里的机会越来越少，后来这里成为了领馆人员的专属办公场所。

我和当时少数旅居重庆的英国公民，会在圣诞节等特殊节庆时不时地聚上一聚，地点一般选在万豪酒店。那里也成了领事馆之外我常常造访的另一个去处。

随着高达283米的世界贸易中心竣工落成，解放碑附近摩天大楼仿

第 1 章
发展：从西南重镇到世界名城

佛发出了"向上"的宣言。我还记得，世贸中心向公众开放后不久，旅居重庆的英国公民都得到了一次慷慨的邀约——总领事馆方面做东，请我们前往座落在中心 53 层的宽敞宴会厅为女王庆生。

　　重庆的世界贸易中心，尚不能与我曾在教师速成班学习期间参观过的上海金茂大厦相提并论。不过，它仍给这座城市的天际线增添了亮丽的一笔。由此，我们第一次有了在重庆市中心俯瞰全城的机会。此前，要想达成同样的效果，大家只能登上南山，前往位于当地的一棵树观景台或者大金鹰园。

　　那一次招待会给我留下了深刻的印象。昼夜交叠，重

从重庆城区中心俯瞰夜景（摄影：盛利）

17

一棵树观景台（摄影：李柯成）

庆的壮美夜景自然是原因之一。总领事先生亲自登台倾心献唱的英国国歌《上帝保佑女王》，也让我一曲难忘。犹记得当时还有一个管弦乐队为他伴奏，台下的不少宾客也在热情地唱和。

那次招待会的洋酒供应十分充足，这可值得记上一笔。在那个年代，中国的跨境贸易可没有今天这般发达，做到这一点自然十分难得，也让主办方相当破费。对于招待会上无限量的法国香槟，有那么几位英国同胞（名字我就不提了）实在难以抗拒。这次愉快的招待会临到

第 1 章
发展：从西南重镇到世界名城

末了，他们突然放下彬彬有礼的架子，变得乖张古怪起来，几个人举起香槟四处喷洒，就好像 F1 赛车手一般。最后，总领事本人不得不亲自"押送"他们登上电梯离开。

2021 年，重庆境内高度超过 200 米的建筑达到了 59 座。由此一来，重庆坐上全国第四的位置，堪与一众国际顶级都会城市比肩。在全球摩天大楼的数量方面，重庆仅仅排在深圳、香港、纽约、迪拜、上海之后。考虑到较低的起点与惊人的发展速度，重庆的城市建设成就实在让人惊叹。而且可以预见的是，未来一段时间之内，这种发展趋势完全没有停滞的信号。其实，若要我——列举重庆摩天大楼的兴起史，恐怕只会花去读者大量的时间。因此，我只打算再介绍两座兴起于重庆的摩天大楼，谈一谈它们独特的历史与禀赋。

一直以来，朝天门码头都是重庆的象征。过去的数个世纪，此地都

长江与嘉陵江在朝天门交汇（摄影：熊力）

19

作为重庆联通外界的重要纽带。它位居渝中半岛最东端，嘉陵江与长江在此汇流。两条河流一清一浊，仿如阴阳太极图一般交汇在一起，恰似著名的"鸳鸯锅"——据称这道名菜正好发源于朝天门一带，与当地兴盛的贸易有关。贩卖的产品当中，自然少不了四川地区的辣椒。

在过去，无数挑着竹制扁担的力夫——也就是本地人口中的"棒棒军"——守在码头，为川流不息的船舶装卸货物。早些年间，无论是陡峭的朝天门码头，抑或整个重庆中心城区的机械化水平都较为低下，力夫们自然从来不缺活计。如今的货轮大多选择泊在下游的寸滩港或果园港等集装箱港口。港口配有先进的龙门吊与其他基础设施，能将货物轻轻松松送上公路或铁路。而且，如今抵达重庆的来客很少会走水路，加上私家车的迅速普及与现代化住宅楼货运电梯的普遍性，著名的"棒棒军"也因此日渐消失。

力夫在重庆被称为"棒棒军"（摄影：杨树平）

第 1 章
发展：从西南重镇到世界名城

重庆的现代化港口——寸滩
(摄影：熊力)

我初到重庆的时候，城中尚还四处可见荷着扁担、聚在一起的"棒棒"。一旦有载满货物的大小货车靠边停下，他们就会集体"出击"，造成好一阵骚动。我还记得，许多年前，妻子与我曾经雇用了一位"棒棒"，请他将一个笨重的包裹从邮局搬回我的宿舍。如此一段行程并不算长，花费也不过 5 元人民币。事到如今，整座城市早就以惊人的速度实现了现代化，重庆街头——哪怕是最为边远的角落——也再难以觅见"棒棒"的身影。

重庆火锅的历史源头，其实是当年处境艰辛的"棒棒军"对于河上贸易各种剩余材料"物尽其用"，这些剩余材料之中有着大量的辣椒，

21

雄奇山城
一个外国人亲历的新重庆

重庆火锅起源于码头的力夫
(摄影：琳达)

正好被力夫们用于制作火锅汤底。汤底里还掺进了大量其他的调味品，花椒就是其中之一。这种有着独特麻味的香料，也是重庆及周边地区的特色农产品之一。火锅汤底一旦制成，便可用于烹煮包括动物内脏在内的各种食材。如此的烹饪传统，造就了火遍川渝乃至行销全球多国的名菜"重庆火锅"。

中国的西南地区盛产辣椒。如果在夏日炎炎的时候开车走上川渝地区的乡间公路，很容易就被堵进运贩辣椒的卡车洪流之中。这些卡车上的

第1章
发展：从西南重镇到世界名城

红色辣椒往往都会达到堆积成山的规模。实际上，四川与重庆这两个地区的人们对于辣椒制品是非常热爱的。在 1997 年，重庆脱离四川管辖而成为直辖市。2020 年，陆海新通道印度进口辣椒交易平台在重庆正式启动，为印度出产的 S17 干辣椒引入重庆大开方便之门。西部陆海新通道起初主要结合了多条直达货运铁路，一头

从印度进口的辣椒满足了成渝地区的市场需求（摄影：詹姆斯）

连接着重庆等内陆都市，一头则是中国南部海滨的诸多港口——比如广西钦州。如今，西部陆海新通道已具有铁路、海运、公路等多种运输方式，通达南北，辐射其他国家。

  我在重庆的前十年，朝天门码头相对破旧，开发程度也不及其他区域。人们来到朝天门，大多是因为要在此地搭上前往三峡的游轮，或者把这里当成了两江夜游的登船点。除此之外，朝天门码头最大的吸引力莫过于原生态的景色。那个时候若从码头看向江对岸，只会发现一大片有待开发的地域。人们还会把朝天门码头通向江边的阶梯当作休憩的地点，或是在此观赏广场舞热火朝天的鲜活场景。朝着西边解放碑的方向眺望，总会发现三座样式古旧的居民楼。楼上的激光灯朝向夜空发射出五颜六色的光束。城市的其他部分，因此湮没在了光照之外。

雄奇山城
一个外国人亲历的新重庆

自2012年起，朝天门码头的景色开始发生巨变。当时，我在本地报纸上读到一则消息，称朝天门码头即将被拆除，各大报纸还都刊出了电脑制成的效果图，介绍即将在朝天门码头原址上建起的"来福士广场"。广场建筑群中包括一座横向的摩天大厦，由闻名国际的以色列裔建筑家摩西·萨夫迪（Moshe Safdie）负责设计，据称能和新加坡滨海湾金沙酒店媲美。如此前景叫人万分振奋，大家都开始畅想那美妙的前景：身居天空的高处，坐拥无边无际的都市全景，手里还惬意地握着一杯鸡尾酒。当然，当时预计这项宏大的工程要到2019年方能开门迎客，所以各位市民还要等上好几年。

来福士广场的水晶连廊是当今世界上规模最大的横向摩天建筑
（摄影：詹姆斯）

24

第 1 章
发展：从西南重镇到世界名城

来福士广场夜景（摄影：傅南寝）

　　来福士广场开业的日子终于还是盼到了。当天的新闻显示，热情的顾客把来福士广场挤了个水泄不通。我对此广场也颇有期待，但还是等到了第二年的 5 月方才亲身造访此地。来福士广场那独一无二的水晶连廊让我十分着迷。它长达 300 米，高悬在 250 米的空中，跨越了广场上的四座塔楼，乃是当时世界上规模最大的横向摩天建筑。水晶连廊主要由三个部分组成：一个向公众开放的观景平台，配有各种各样的空间主题展览；连廊中央的"专属俱乐部"，不接待外部宾客，拥有高空游泳池、健身房和鸡尾酒吧；连廊东侧则是一处高档香槟酒吧兼餐厅。最近，我在这里参加了一次新年派对——这也是本人经历过最为壮观的派对。就像观景平台一样，香槟酒吧也为来宾准备了一次"心

25

雄奇山城
一个外国人亲历的新重庆

来福士广场连廊中央"私人俱乐部"的高空游泳池（摄影：詹姆斯）

跳加速"的机会——大家可以站上特制的透明玻璃廊桥，感受身下几百米高空带来的震撼。

　　本书写就的时候，渝中区即将迎来另一座高楼。这座陆海国际中心也是重庆境内的最新制高点。它高达百层楼，设计高度有458米。我曾经登上中心81楼的高处展望四周。当时，陆海国际中心还只是一座施工中的混凝土建筑。在我拍摄的宣传片视频中，我曾如此描述了这座高楼即将带来的种种前景：楼下，单轨列车跨越嘉陵江穿楼而过；文化时尚界的顶级品牌会进驻楼内，作为进入重庆市场的首要选择；住进

第 1 章
发展：从西南重镇到世界名城

市民们热切期待着重庆陆海国际中心的盛大开幕，它也被称为"重庆 100"（摄影：詹姆斯）

第 100 层楼上的悦榕庄酒店，可以鸟瞰整座城市的风景。陆海国际中心将成为全球产业精英办公兴业的一流选择。

重庆陆海国际中心将从奢侈品鉴赏、品质生活、精致休闲和高端娱乐四个维度出发，大力引进国际品牌。从书店、旗舰零售店、超市和家庭中心到咖啡馆、餐厅和高品质宴会厅，数百个品牌将通过多种元素场景无缝连接，在这些场景中，商务和娱乐可以随心所欲地交流，引领城市时尚生活新方式。

27

见证·变化

十多年不到，重庆就历经了前所未有的大发展，而我正是亲身见证人，看着这座城市从默默无闻、闭塞落后的地区，变身为中国西部地区国际贸易的中心。在坚实的基础设施、技术和富有前瞻性的社会经济政策支持下，重庆必将在未来的世界发展格局中，占据更为重要的地位。

此外，另一项巨变正在发生。早在我来到重庆的几十年前，巨变就已拉开帷幕。在未来的一段时间内，这种变化也不会停止脚步。这就是重庆市内人口的城市化进程。大批农村人口离开他们曾经生长的乡村地区，为了大都市里的现代生活而来到城里定居。

我一直在城市生活，但也对重庆的农村人口怀有至高的敬意，虽然目前我还无法接受他们那样的生活方式。我也常常涉足重庆的农村地区，有时是为了工作，有时又是出于休闲度假的缘故。在过去，在大规模的精准扶贫为边远农村带来电力、自来水、通讯和高速网络服务之前，农村人口保持了高度的自给自足精神，这一点叫我尤为钦佩。无论我来到偏僻乡间的哪一处，都能发现人们播种庄稼、赶牛耕田、在屋外圈养牲畜的忙碌景象。他们亲手宰猪，准备一年食用的腌制肉食；他们用大炉子烹饪美味的饭菜，燃料都取材于周边的树木。他们还会专门搜集粪便作为肥料。要想驱散夏日的炎热、抵御冬天的严寒，他们只能求助于最为古老的技术手段。手段非常简单，却也充满迷人的智慧——比如，用竹竿搭成的床垫躺上去很是清凉，而夯土筑好的墙则相当保暖。扪心想上一想，谁又不会对如此完备的一套生存智慧心生敬意呢？如果我们也

第 1 章
发展：从西南重镇到世界名城

被推入那样一个境地，每一天都必须为了生存而挣扎劳作，我们能不能做到像他们一样呢？

2021年，中国的脱贫攻坚战宣告胜利。而后，农村地区迎来"乡村振兴"的全新挑战——本书将在后面的章节，就这个宏大话题展开专门论述。脱贫攻坚期间，重庆成功克服了许多在全国范围内也属极端范畴的困难局面。这些困难不但来自于极端的积贫积困现状，也与众多山村所处位置的偏远性、分散性息息相关。

巫山县的庙堂乡就是一个例子。2022年初，我驾着汽车在狭窄的石子路上辗转了3个小时，方才抵达了这座悬崖边的荒僻村落。虽然生存环境极端恶劣，此处却曾是上千人生息数辈的地方。生活在这里，他们必须要和各种各样的野生猛兽——包括熊和野猪在内——争夺土地。

要想建造一条连接庙堂乡与外界的现代化道路，所需的工程费用预计在两亿元人民币左右。这还不包括房屋翻修、基础设施建设以及配套工程所需的海量资金。正因如此，有关部门大力鼓励庙堂乡的村民前往临近的村镇、县区乃至其他省市定居。到了新的家园，他们能为自己创造比较好的生活条件，日子相对而言宽裕一些。庙堂乡的案例，乃是乡村人口前往城市定居这个脱贫模式的好例证。不过，它又跟其他脱贫攻坚的成功例子不相同。因为庙堂乡案例的总体重点并非改善人们在当地环境中的生存境遇。

传统农村地区与新兴的都市中心的生活方式可谓天差地别。因此，大量人口从农村迁居到城市的过程并非一帆风顺。我刚刚来到重庆的时候，相关的现象尤其值得关注。城市化促成了社会背景不同的人们之间的碰撞与融合。生活中，这种碰撞与融合屡见不鲜。有时候让人烦恼，有时候又是笑料百出。

雄奇山城
一个外国人亲历的新重庆

漫长而险峻的山路意味着易地扶贫搬迁才是最现实的选择
(摄影：盛利)

写到这里，我必须谨慎下笔，点出事实的同时，又不至于冒犯中国人的自尊。不过，我还是得承认在我最早来到中国的时候，人们的卫生意识还比较淡薄，但大家对此习以为常。我的兄弟还记得，他在2006年的时候来中国搭乘本地公交车的经历：身边堆着一个个口袋，口袋里则塞满了一只只活鸡。而且，一个又一个活鸡脑袋都从布袋子的破洞里伸了出来。安宁的街边漫步，常会被突如其来的"吼叫"打断，其实，那不过可能是某位路人在对着电话侃侃而谈。用家父的玩笑话来讲，这里的电话问候语听起来仿佛就像开战宣言。

某些不当行为造成的后果则可能相当严重。时有新闻显示，有的高楼住户随心所欲地将各种物件抛出自家阳台而掉落在楼下的受害者身上。相关事故常常酿成非死即伤的结局。此外，许多行人在穿越街道的时候显得十分随意，一点不把那些斑马线——虽然设置得还算合理——放在眼里。摩托车与三轮车驶过交通拥挤的街道，也常常会对交通规则和其他车辆置若罔闻。这一点实在叫人胆战心惊。虽然碰撞一旦发生，摩托与三轮车才是更有可能受到伤害的那一方。对此，各位司机似乎一点也不在乎。

当然，人与人之间最为"亲近"的接触往往发生在排队过程中。那可真算得上头碰头、肩靠肩。无论队列是在银行还是诊所，抑或公交车站和其他售票岗亭，我总会被逼得主动放弃排队，任由其他顾客继续挤作一团。用我的同行们的话来说，那个年代的重庆仿佛狂野的美国大西部一般。这里的人都在奋勇争先，好像要创纪录般地在最短时间内实现最大的发展。

如上现象曾经都是寻常可见。不过，随着近年来社会文化建设与经济发展速度的并驾齐驱，它们已经变得十分罕见。我担任记者期间在枣子岚垭的所见所闻，可为这种进步提供例证。枣子岚垭是一处临近解放碑步行街的居民区。此地曾经老旧破败，拥有类似社区应当拥有的一切毛病——建筑外观一言难尽、电线裸露在外、交通设施欠缺、生活垃圾随处可见，某些居民的卫生习惯也是糟糕透顶。

枣子岚垭社区兴建于20世纪80年代，如今仍有1100多户居民。在国家"十四五"规划的驱动下，重庆制定了雄心勃勃的宏伟规划，旨在更新整个城市的面貌。根据这项规划，渝中区一地便在2021年已翻新超过200万平方米的居民楼。枣子岚垭社区彻彻底底换了新颜。桥梁式人行道和全新的车道让社区恢复了通畅，孩子们也得到了安全的游戏区。新修的"文化墙"上饰满各种主题的绘画、摄影和诗歌作品。正如一位居住在此的长者对我感慨的那样——社区一经翻新，居民的行为习惯似乎在一夜之间

枣子岚垭过去是解放碑步行街附近的一个古老街区，现在已旧貌换新颜（图片提供：视觉中国）

第 1 章
发展：从西南重镇到世界名城

也规矩了不少。这样的事例完全可以表明一点：环境一旦在大家的共同意愿与协同努力下得到改善，便会让人对之更加珍惜。

我亲历的另一次生活习惯方面的变迁，则和重庆主城与区县庆祝新年的仪式有关。21世纪之初的那个年代，重庆市民还对大量燃放烟花习以为常。燃放的地点也相当随意，公共场所与居民区都概莫能外，甚至有人会把鞭炮从自家窗户和阳台向外扔出去。对于过节放鞭炮这个习俗背后的文化根源，生活在现代中国的人们并非都是那么熟悉。因此，不少文化活动

枣子岚垭的居民非常喜欢他们新翻修的社区和更方便的交通
(图片提供：视觉中国)

33

都旨在提醒大家珍视传统。春节如此，其他农历节日——比如端午节也如是。说到端午节，其渊源与古代楚国的诗人屈原有关。传说诗人投入汨罗江（位于今天湖南省境内）自尽，而他的国度也和其他5个诸侯国一道被秦国征服，中国随之宣告统一。当时还是公元前3世纪，秦始皇统治的时期。许多读者朋友也许应该知道一点，有一种说法，英语中的China一词和"秦"这个汉字存在联系。

　　说到春节燃放鞭炮的习俗，总离不开传说中神秘的"年兽"。这头怪兽总带来灾祸，不是毁坏庄稼，就是妨害人们的幸福健康。后来，怪兽暴露出了怕火的弱点，大家随之纷纷开始点燃篝火，并往其中扔竹竿，由此而生的噼啪巨响把年兽吓进了深山老林，自此再也没露过面。春节的另一大习俗——在门梁上悬挂红灯笼，采用了同样的故事背景。毕竟，红色让人想起火焰，而那正是年兽的命门。

　　中国的春节按照农历计算。这种历法来源悠久，已经精确地运转了千年有余。有趣的是，中国农历一般每四年会出现"闰年"的情况，"闰年"有13个月，比普通年多出了1个月。参照公历，中国的农历新年会在每年的一月或二月出现。

　　我初到重庆的时候，主城区和临近郊县的人们在燃放烟花的习惯上已产生了明显区别。请注意，提到重庆的"郊县"，我对于合川的了解最为深切。此地位于重庆北郊，距离主城区约有60公里。因此，我也把它当作了与主城比较的主要对象。

　　如今，主城区的大部分地区、街道和居民区都已经全面禁止燃放烟花爆竹。这一点既和公众的认知有关，也要归因于强制性的禁令。不过，诸如社区广场、城市公园和路边等公共场所的禁令则要松弛许多。新年期间，每当午夜临近，爆竹的炸响与呼啸声都会从远方逐渐传来。春节联欢晚会的迎新年倒数声结束之后，爆竹的音量更会达到高潮。春节联欢晚会已有几十年的历史，自1983年首播以来，每年除夕都会通过中国中央电视台与观众见面。

待到迎接除夕的兴奋劲头渐渐退却，人们纷纷上床睡觉之后，大量的环卫工人集体出动，开始清扫城市的每一个角落。不过，到了第二天，早起的人们仍会在通勤路上见到数不胜数、已被耗尽的鞭炮包装盒、爆竹外壳和红色的纸屑残渣。趁着晨曦开练太极拳的老人也会见证同样的场景。当然，相比我在合川度过春节的所见所闻，如上场景真是小巫见大巫。本人之所以对于在合川过年如此习以为常，是因为我的太太正是一位合川人。她大学毕业之后不久便和我走到了一起。

当时在春节前七天，烟花禁售令暂时得到解除。街边一下子冒出了大大小小许多摊档，个个都在兜售各种各样的烟花爆竹。从需要手工点燃的小盒装鞭炮，到五彩礼盒里的大型爆竹。类似的摊档遍布全城的每一个角落。那时，中国对于燃放烟花尚不存在明确的年龄限制。这一点，也是我当时很大的一个忧虑。我很担心，有些愣头愣脑的小年轻总会趁我不注意的时候兀自扔出那么一两个爆竹，在我的脚边炸响。请注意，他们这么做大多还是出于无意，而非有心的恶作剧。但无论扔鞭炮的人是有心还是无意，其后果总不会太让人舒服。小小的一声炸响总会令人心跳加速，给猝不及防的受害者带来不可避免的惊吓。夜幕降临过后，兴冲冲的孩子们更是当着监护人的面就开始乱扔炮仗，浑然不顾自己那随时可能被点燃的衣服。如此现象实在吓人，也随处可见。谢天谢地，我本人倒还从未亲眼见过类似的灾难变为现实。

哪怕到了深更半夜，一些意犹未尽的本地人仍会毫无顾忌地大放爆竹。绚烂的烟火之下，宁静的气氛被撕得粉碎。换在英国，类似的事情

雄奇山城
一个外国人亲历的新重庆

早该造成邻里纠纷了。可是在这里，大家倒还可以相处泰然。中国人民对于噪音与不便——无论其源头是新年焰火，或是来自地铁建设之类的市中心基建项目的容忍程度，向来叫我大感佩服。要知道，重庆的地铁建设引发的交通改道与车辆堵塞问题可以持续多年。由于同样的原因，市中心和郊区道路上总有大卡车载着堆积如山的沙土石块穿梭其间，所到之处尽是

2022 年重庆的除夕夜
（摄影：何文）

呛人的烟尘。随着重庆大多数城区的地铁建设宣告完工，相关现象已经不再突出。不过，正是当年各位市民的宽容理解，为这座城市的飞速发展提供了默默无言却又至关重要的保障。同样的事情在英国完全无法想象，恐怕只会收获无穷无尽的投诉，以及征询公众意见过程中海潮一般的反对意见。

毫无疑问，农历新年最为狂野的一刻将在午夜钟声敲响的时候来临。在公寓楼入口、楼梯间，甚至在自家公寓门前，合川的家家户户都会点燃整束整束的鞭炮。阳台上、窗户里、楼顶、空中，"魔术弹""冲天炮"等各类爆竹"万箭齐发"，响彻城市的夜空。有一次，我和妻子刚刚从亲戚家的聚会离开，准备驾车回家，却发现根本寸步难行——无数枚烟花爆竹齐齐发威，卷起的烟尘弥漫整条道路，能见度几乎降到了零。

提到公共聚会，重庆主城的年轻一代特别喜爱圣诞节和新年这样的节日，他们为之欢庆的手段也有些形式化——通常都是公众场合举办的大型聚会。聚会场所包括沙坪公园，解放碑步行街更是必需的欢聚地点。如此传统一直延续至今，以至于解放碑等地的地铁站和公交车不得不在特定节日宣告停运，从清晨直至午夜。目前，类似的聚会场合已经不复十多年前那般狂欢与奢靡。想当年，狂欢的人群几乎人手一个槌子状的气球棒，外加盛满泡沫的罐子。他们会向路人发起无害槌击，还要喷你一身的泡沫。无意中被撞见的外国路人，尤其会得到他们的特别青睐——本人也不免有着类似的遭遇。

年岁流转，渐渐地，就连合川的春节都已不似当年的热闹与喧嚣。毕竟，严格的法规让烟花爆竹销售几乎归零。本地人若想购买鞭炮，必须提前登记个人信息。与此同时，允许燃放烟火爆竹的地点也是越来越少，公众的环境保护意识更是年年高涨。其结果就是：近些年的春节，年夜安静得就像任何一个普普通通日子的晚间。没有往年那些划破天际的冲天炮，也幸运地不再有那些总在脚边炸响的爆竹。

前面我们已经提到了重庆的巨大规模，以及这座城市在国际影响力方面的成就。其实，相关的变化涉及整个直辖市的全域。有一点不容忽视——三分之二的重庆人居住在远郊区县，而每个区县都有其独特魅力，发展历程也是各具差异。因此，接下来我想要扩展讨论的范围，好好介绍一下某一些远郊区县在短短时间之内取得的翻天覆地般的变化。

重庆市统计局认真研判了市内人口的变化趋势，并定期通过权威渠道，如每隔十年进行一次的全国人口普查，或是"五年规划"中的有关数据（五年规划将为中国经济、社会、环境等事务的长期发展制定规划）告知公众。2021年，"十三五"规划宣告完成。由此产生的相关数据所反映的事实，正好与我在过去近20年见证的发展保持一致。无数次造访重庆农村地区的经历，也能为我的观察提供支持。

据官方统计，截至2021年，重庆市总人口为3212.4万人，比2015年增加142万人，增长4.6%。有趣的是，这一数字在很大程度上归因于来自中国其他省份的移民，而不是出生率等自然增长。这些引人注目的增长趋势反映了重庆在全国范围内日益增长的吸引力，这得益于跻身中国顶尖城市行列的经济增长数字，日趋完善的现代化基础设施，初步发展的城市环境以及相较京津冀地区、以上海为中心的长江三角洲地带和以广州为中心的珠江三角洲地带等区域更为低廉的生活成本。

不过，过去20年内最为活跃的变化仍是重庆循序渐进的城市化进程。其间，农村家庭离开乡土，来到大城市建立新家。许多来自农村的年轻一代选择在完成学业之后脱离原有的环境。待他们进入城市定居后，将有机会获取更好的职业、更高的收入,以及更有品质的生活方式。不过,在城市化的浪潮下,某些时候人们也会以整户家庭的形式拓迁进城。此时,许多老一代人仍会在融入城市生活方面遭遇困难和挑战。毕竟,他们可是在农村过完了一大半的人生。因此,大多数老一代农村人口会在子女进城过后仍然留守家乡。而子女也只会在某些特定节日才会应景地回乡省亲——比如春节、清明扫墓的时候或是中秋节。每每来到乡间,都不难发现废弃的房屋。它们的主人大都已经进城寻觅更好的生活。留驻乡下的人大多年事已高,其一大职责在于照顾进城务工的子女托付给他们的孙儿一辈。

几十年来,出自重庆农村的农民工大都选择在东南沿海的经济强省寻找工作。"留守儿童"正是这种移居潮带来的后果,实在令人可叹。"留守儿童"都在祖父辈的抚养下长大,对他们而言,父母反倒成了陌生人。根据我的观察,老一辈的监护人在给予孩子物质条件——比如吃、穿、住等方面倒也是尽职尽责、竭其全力。不过,在文化方面的养育、情感方面的疏导上,祖父母大都心有余而力不足。父母双亲能给孩子带来的那种家庭温暖,祖父母们更是难以做到。这些老人通常不曾在他们的少年时代接受过正规的教育,也对现代社会没有正确的认识。毕竟,现代社会远在他们习惯的乡间世界之外。一年到头,"留守儿童"所在的家庭只在农历新年的寥寥几天才能全家团圆。诚然,离乡的农民工常会寄钱回家赡养父母。但是,经济原因导致的天各一方,仍让家里的下一代情感受创。后面的章节里,我会提到慈善工程、扶贫计划和乡村振兴的前景是如何改善了农村家庭的生存状况,又是怎样帮助他们阖家团圆。相关举措给予农村留守儿童亟须的温暖和文化启迪,我也会谈到。

最新数据显示,重庆市的人口结构正从以农村人口居多的过去,快速向城市居民占主体的现今过渡。2021 年，重庆的城市化率达到 70%，较 2015 年大幅提高 8.79%，远远超过全国平均水平，位列中国第八。自然，政策为支持这一人口转变创造了有利的环境，特别是将户口从农村转移到非农村地带——在中国被称为"农转非"的政策大大加速了这一进程。在 20 世纪，"农转非"程序设计很复杂，到了有点官僚主义的程度。能否正式成为城里人，往往取决于人脉关系和背景。但如今，申请人只需满足一些基本要求，就可以在城里获得户口。相关要求包括高中学历、足够的工作年限，以及某一领域足以造福社会的专业知识。

"永居"和"移民"

"户口簿"这种事物，西方人大多不甚了解。但对于中国人而言，它有着极其重要的意义。简而言之，这是一册小小的、薄薄的、方方正正、酒红色封皮的档案，中间夹着数页蓝色的纸张，标识了某个家庭（某一"户"人）到底是来自农村还是非农村地带。户口簿记载了家庭的住址，并指出"户主"到底是何人。内容涵盖每户家庭中各个成员，记录他们的诸多个人信息——他们的全名（包括曾用名）、民族、籍贯、身份证号、婚姻状况和教育履历。未成年人和成年人都可以被登记在他们的监护人或父母的户口上。不过，成年人一旦组建自己的家庭，或是有了独自购买房屋的需要，往往都会选择另开户口。户口簿对于完成诸多社会手续都是尤为重要的。无论是就业、参与社会服务还是移居他地或移民海外，户口簿都是不可或缺的材料。换在西方，证明一个人的住址通常只需要提供银行流水、电费等资费账单或是驾驶执照即可。请注意，户口制度只适用于中国公民。因此，我虽在中国结婚近 20 年，却也没能占据我

第 1 章
发展：从西南重镇到世界名城

家户口簿上的一页。如有需要，我大可亮出自己的英国护照，或是使用中国永久居留身份证，倒也没有任何不便可言。还有一点，如果某个孩子的父母一方乃是中国公民，只要自己并未持有外国护照，便可以申请"入户"。

我还记得，自己只有十几岁的时候（当时我还没有动过哪怕半点来华生活的念头），曾经读到过一则中国的新闻报道，具体说应该是1994年10月的一则新闻表示，时任中国国家主席的江泽民亲临三峡大坝的施工现场并视察了第一期工程的开工。他手持双筒望远镜，眺望了工程的远景。年少的我，自然无法预料到未来的某一天，长大之后的我，生活与工作会和长江三峡蓄水区有着如此深厚的联系。

我童年的多数时光都在莱斯特郡的宁静郊外度过。"前往国外定居"这样的人生规划，极少会出现在我那一代同伴的集体意识之中。提到国外，我们都觉得不过就是偶尔去那么几趟英吉利海峡对岸，或者跟着家人趁着假期到北美玩上一玩。尽管如此，中国仍在我那一辈人中拥有一种遥远但深切的吸引力。我们都对中国人的真实生活状态十分好奇。侨居本地的中国香港居民口中铿锵有力的广东话听来也十分有趣，更别提城市四处可见的中餐馆招牌上一个个的繁体汉字了。我还记得自己看到过的一个旅游节目：主持人乘着三峡游轮，路过了三峡大坝尚未开建时候的江岸。那幅美景让我久久难忘。当时的我不禁思忖，不知道自己有朝一日能不能前往那么遥远的地区游历一番。有件趣事还值得一提，我有一位高中时期的密友曾经特别迷恋"春丽"，也就是20世纪90年代风靡一时的《街头霸王》游戏中的女角色。这，大概也算一段特殊的中国缘分。

我一度向往的三峡之旅，终究在我来中国快20年后的2020年底成了真，我第一次登上了前往长江三峡的游轮。不过，我曾在电视上欣赏

过的三峡美景，大多都已经没入江底。尽管如此，我仍然有幸在初到重庆那时就踏足过三峡库区的不少地域。其中的不少地方乃至整个城镇如今已随着水库蓄水的完成而消失在了长江的水面之下。开县（2016年，开县因为经济发展蓬勃而正式撤县建区）给了我一段最为生动的记忆，让我了解了三峡水库建成之前当地生活的真实面貌。三峡水库建成蓄水后，长江水位上升并淹没了海拔较低的开县原县城。如今的开州区新城区位于临江的高地之上。

我来华的最初几年，离开重庆前往区县的这段路程，常常会被准备不足的西方游客视为

驶过寸滩大桥的三峡游轮
（摄影：熊力）

畏途。那个时候，除了前往成都与万州的两条高速公路，重庆到其他地方的旅程往往需要极长的时间。旅客坐在大巴上，忍受满是碎石子的乡间公路的颠簸。这些大巴的悬架非常僵硬，轮胎每次和路上的深坑发生接触，乘客都会从自己的座位上腾起来。公路两边总有修不完的各类工程，车过便会扬起铺天盖地的灰尘。时不时还有卡车驶过，同时留下近乎让人耳聋的喇叭声。大巴里的乘客们大多受累于晕车症。他们常常抓起塑料袋大吐特吐一番，随后又把秽物随意扔出窗外。我倒是本想睡上一路，可惜常常被洪亮的手机铃声惊醒，随后又不得不忍受手机主人同样响彻全车、叨叨不停的讲话声。

其实，重庆到开县的大巴车程需要足足 7 个小时。通过高速抵达垫江县之后，大部分行程都在乡间穿行。经历了看似无穷无尽的颠簸之后，才终于迎来一段柏油路面。路面相当齐整，算是对我们前来这座与外界缺乏现代交通工具连接的城市的欢迎。那个时候，开县新城的建设正如火如荼。不过，旧城仍是人头攒动，居民们还在等待高地上的新家早日建成。脚下的土地迟早都会没入水底，每个人都对此心知肚明。不过，他们的生活仍在继续，搬迁似乎仍是一桩遥不可及的事情。2004 年 9 月，开县遭到"200 年一遇"规模的洪水袭击，当地人民也由此预先体验了一把"入水"的感觉。如今，长江已和过去的潇河合并为一体，形成了全新而美丽的汉丰湖。过去的开县县城就静静躺在湖水之底，开州新区则在一桥之隔的高地上。驾车驶过这短短的路途，一点也不会感到海拔上的提升，整体氛围也没有任何不同。实际上，开县给我最深的印象在于当地街上昼夜不断的摩托车车流。每个车手总在乐此不疲地鸣笛，嘈杂的喧嚣一直持续到深夜也不会停息。大家都对这幅场景安之若素，一点也没动过抱怨或投诉的心思。

顺便说一句，重庆曾经是全国摩托车行业最大的制造基地之一，拥有力帆等多个知名品牌，此后发展到全球近四分之一的摩托车都在重庆生产。在很长一段时间里，私人车辆通常是富裕家庭和机构的资产，直到大量中外合资车企以较低的价格提供了更多国内外汽车品牌的选择，而更多的信贷渠道则激发了汽车的购买潮。

重庆最初是一座丘陵起伏、道路狭窄的山城，道路蜿蜒在密集的高楼之间。摩托车在很长一段时间里都是首选的交通工具。随着时代的发展，交通网络不断扩大，以及日益增长的汽车需求，对摩托车驾驶员的驾照、注册、安

三峡博物馆保存了三峡库区的历史和文化（摄影：詹姆斯）

洪崖洞是重庆市中心最热门的景点之一（摄影：沈克）

全、保险和维护等方面更严格的规定，现在摩托车的数量大大减少了，曾经城市里无处不在的摩托出租车已成为过去。

开州是三峡库区四个主要区县之一，该区人口大规模搬迁至地势较高的全新城市开发区。重庆和湖北因三峡工程发生了巨大的社会变迁，导致大约130万人需要重新安置，这也是历史上大坝工程造成的迁徙人数最多的一次，但新改造的开州、云阳、奉节和巫山县城提供了有吸引力的现代生活环境，让搬迁人口和移民重获新生。与此同时，重庆中国三峡博物馆保存

了淹没在水下的土地的文化、历史和智慧结晶，在万州重庆三峡移民纪念馆引人注目的建筑内，记录了移民感人的个人故事。

在云阳县城，城市规划者成功地创建了一座拥有美丽河滨和景观公园的生态城市，这些公园沿着河岸绵延33公里，拥有公共体育设施、阳光沙滩和文化特色。在张飞庙等著名的历史文物被淹没之前，它被许多人艰难地一块一块地迁移到了更高的地方，现在人们把这里作为文化旅游的亮点。与此同时，非物质文化遗产，如长江纤夫的歌声、古代建筑技术和无

云阳张飞庙被人们一块一块地搬迁到地势更高的地方（图片提供：视觉中国）

数工艺品，已通过重庆各地博物馆的展览记录下来。这样，重庆市的城市扩张和经济崛起得以实现，同时为今世后代保留了该地区的历史。

移民对中国这片地区来说肯定不是什么新鲜事。自17世纪清朝初期湖广填四川以来，四川盆地新增人口多达100万余人。清政府诏令移民在自己选中的土地上插标划田、归其耕种。湖广地区涵盖了现代中国的大片地区，包括湖北、湖南、广东、广西、贵州和云南省的一部分（译者注：清代湖广行省包括今日湖南、湖北两省，以及如今粤、桂、黔、滇四省区的一部分）。当地方言源于各地人民的沟通交流，当地人对外来人口的宽容氛围同样得益于此，湖广填四川成功的历史经验为20世纪90年代百万三峡移民的安置和今天重庆城市化进程奠定了成功的基础，社会和谐程度令人印象深刻。

事实上，重庆主城区有很多居民的祖籍地位于重庆的其他区县或邻近省份。因此，每逢春节或国庆假期，他们都会成群结队地回家，而那些留下的人会发现，原本繁忙的道路变得几乎空无一人。与此同时，重庆已成为每年吸引数百万外地游客的全国闻名的旅游目的地，但他们往往集中在洪崖洞等热门市中心景点，或李子坝站这样的网红景点，游客们会兴奋地守在李子坝站下面的路边，等待看那轻轨穿楼的景象，并用手机捕捉这独特的一幕。

李子坝轻轨穿楼是重庆市中心另一大热门景点（摄影：盛利）

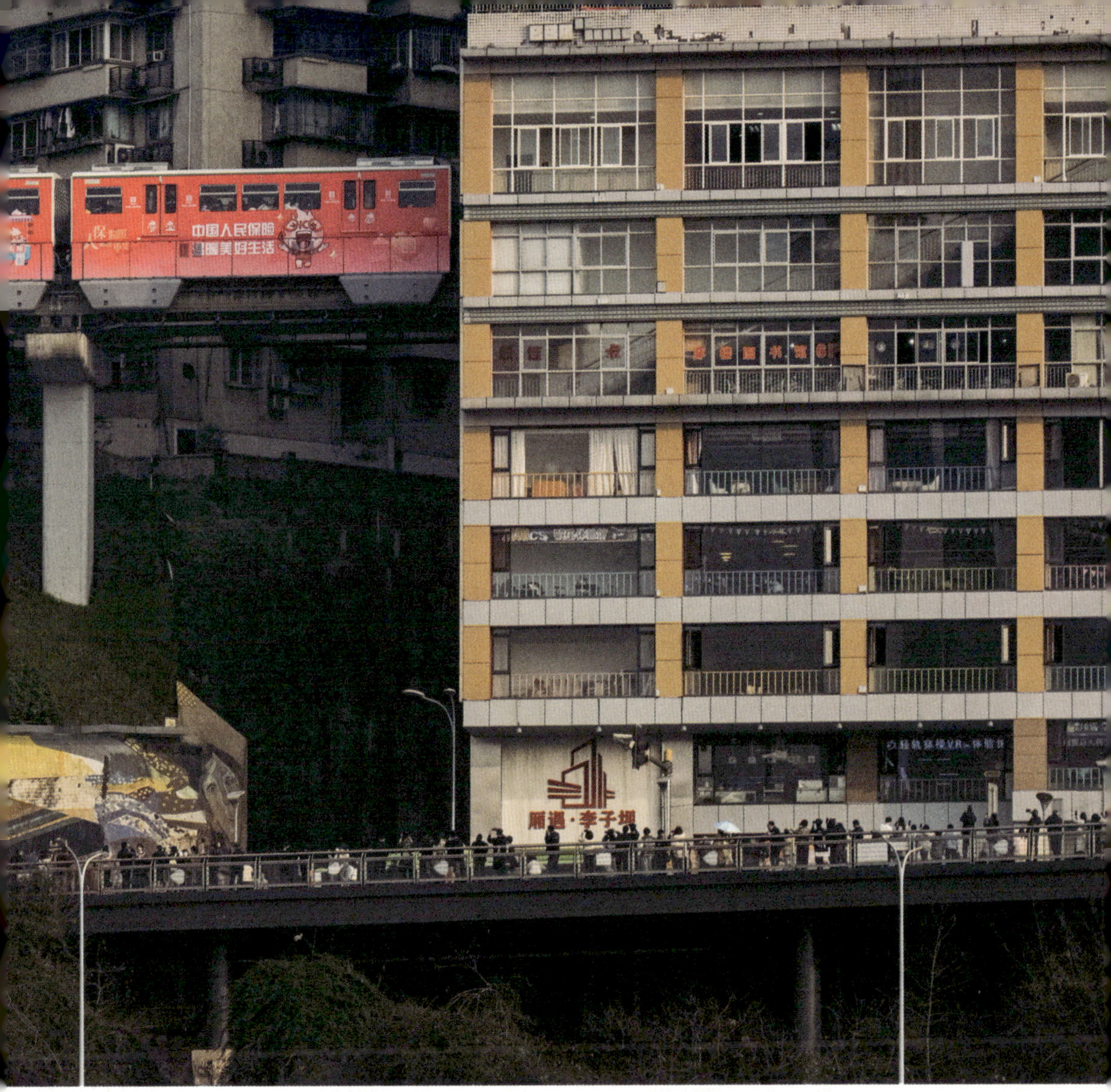
中国人民保险
温暖美好生活
厢遇·李子坝

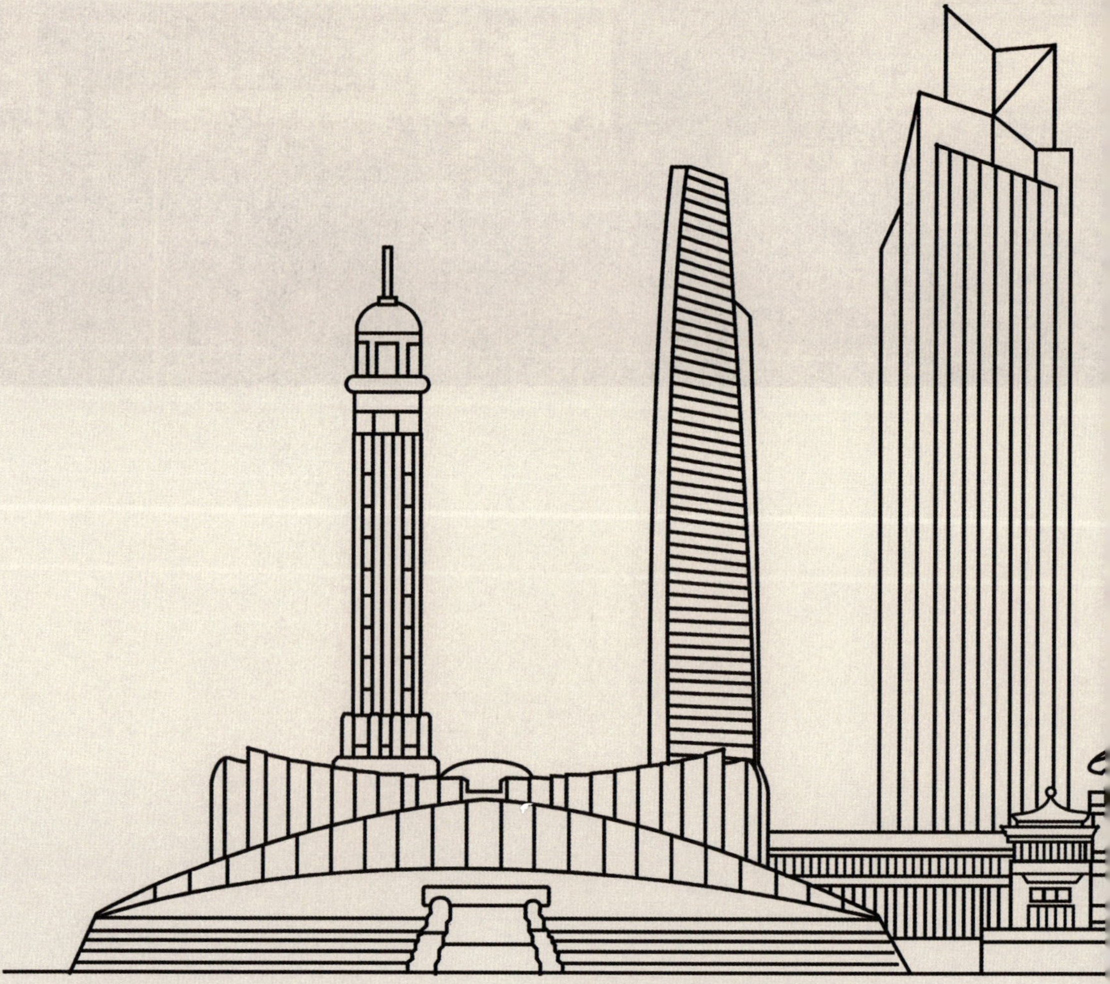

第2章
交通：从深居内陆到国际交通枢纽

出租车、公交和索道

我第一次亲眼见到重庆，是在一次长达 55 个小时的绿皮火车旅程之后。火车的起点站在上海，而那次旅途也实在叫我难以忘怀。随着火车渐渐驶入菜园坝终点站，林立的高楼愈加清晰。软卧车厢门口，售票员拿着大皮夹子现身了。他用我那张纸质车票，换回了我手里代表床位的金色金属牌。车站大门之外，新学校的两位顾问老师已在等候。我用电子邮件给他们发去了一张自己的扫描照，而他们也借此认出了本人。对了，那还是个传统相机大行其道的年代。那时的手机功能非常单一，除了拨打电话、接发短信和寥寥几个简单至极的游戏，几乎没有其他功能可言。

一行人出了车站，直奔出租车上车点。我由此亲身感受到了重庆的夏日热浪——果然名不虚传，符合"三大火炉"的称号。我们跳进一辆黄色出租车，这也是重庆本地的一大象征，直奔我位于沙坪坝区的新家。

重庆江北机场等待接客的黄色出租车
(摄影：盛利)

第 2 章
交通：从深居内陆到国际交通枢纽

2003年，私家车对于大多数中国人而言还是一件比较奢侈的物品。因此，路上的大部分空间都被黄色的出租车、质量不一的各式公交车、多如过江之鲫的摩托车以及一看就是上世纪遗留物的老款上海"大众桑塔纳"占据。我也见到了一些四门轿车，大多体型迷你，似乎不比火柴盒大上多少，应该都是经济条件较为宽裕的家庭的代步工具。

早年间在重庆搭乘出租车的经历，给我留下了不少难以磨灭的回忆。当时可没有叫车软件，出租车也就成了重庆道路上唯一的霸主，无论昼夜都是如此。这些黄色铃木轿车大多以液化油气为动力，所有的"的哥"似乎从来都在全速前进。唯有当实在无法冲过前方红灯或快撞到人的时候，他们才会不情愿地猛踩刹车。这些出租车的车门无不是锈迹斑斑，总是需要费半天劲才能拉开。需要关门的时候，却又要狠狠地"砰"上那么一下才行。我记得覆在一辆辆出租车后座上破破烂烂的布罩子，以及"的哥"身边那一圈护身栏杆（围得真是严严实实，只留下了一个小小缝隙用于收递钱款）。我还记得，好些出租车夏天都不舍得开空调，宁愿大敞着窗户以风降温。我倒是很少亲眼在重庆目睹过这些黄色出租车卷入车祸——虽然它们身上的斑斑擦痕和凹一块、凸一块的金属外壳似乎都在证明——重庆的每一辆出租车都是"身经百战"。多年以来流传着一种说法：想在一个新城市找工作的司机，必须通过一次道路适应性考试。个人倒是觉得，一个人只要在重庆开上那么一段时间的车，就足以证明其驾驶能力，他去其他地方申请司机工作的话，绝对应该快速通关才对。大多数城市都有着相对平坦的地形，以及宽敞笔直的道路。相较而言，在重庆市区窄且弯多、坡道倾斜的道路实在有点多。这里还不乏深深的隧道、高大的桥梁、山间道路、河流码头、极其复杂的十字路口、疯狂的摩托车骑士以及数不胜数、人流密织的旅游景点。当然，这里还有迷人的风景，在和前方的路况一起，吸引司机的注意力。

雄奇山城
一个外国人亲历的新重庆

重庆公交与轻轨（摄影：帅世奇）

当时，重庆市区的公交汽车可以大致分为两类，其中的一类较为专业，它们外观现代，车头配备的电子显示屏上会显示车辆特定的路线编号和前行站点。车内的座椅很舒适，窗帘、电视屏幕、空调也是一应俱全。通常情况下，车上还有一位制服加身的女售票员。公交车每到一站，她都会通过有线麦克风提前播报，同

第 2 章
交通：从深居内陆到国际交通枢纽

时向刚上车的乘客介绍乘车所用的资费——搭乘这样的公交车，每趟仅仅需要两元人民币，确实低廉得惊人。

当然，上面这样的模范车辆数量并不多，当时重庆的公交车队伍中更多是一种款式老旧、外貌肮脏的大巴——与其说是大巴，不如说就是一堆安了四个轮子的金属外壳，它们的引擎声大得惊人，总在叨扰城市的平静。它们成天奔波于市区各地和各处地标之间，随时随地都会靠边停下，而后，售票员女士会摇下大巴的边窗，一边高声报出公交即将奔赴的地方名字，一边挥舞着写着目的地字样的纸板——上面的字体通常都醒目得惊人。另外一道与公交车相关的奇景，则与那些总在公交车大门关闭前一刻急匆匆冲上大巴的乘客有关。他们好像都是一时兴起，方才决定搭乘这趟公交车似的。

我还记得，那时候的大巴一发动，车后的排气管就会喷出浓浓的黑烟。车上的乘客个个都是肩并肩、脸贴脸。多数情况下，大家还得忍受大包小包的个人物品占据车内的空间。有些时候，这些物品中甚至包括活禽——它们会从编织物的窟窿里探出脑袋来。此类大巴似乎并不存在"悬挂"的避震功能。我记得，自己有那么一次正坐在大巴最后一排的座位上，本以为已和汹涌的人浪隔开了一段距离。不料，大概是道路上的一个坑洞作祟，我被颠得腾空起来，脑袋撞上了公交车的天花板，一副廉价的太阳眼镜也因此报废。

有那么一段时间，在这个城市的郊县，电动三轮车是如此常见的一道"风景线"。直至 2008 年底，电动三轮车仍在合川等地大行其道。21 世纪最初 10 年，区县的发展水平还远远落后于主城。电动三轮车这种过时但很方便的短途交通工具，仍在当地有着不少市场和空间。电动三轮车也是妻子和我在合川出行的常用选择。要知道，在当时的合川只需要花上一两元人民币，就可以雇用一辆拖着车厢的人力自行车把你拉到城

55

区的任意一个地点（当然，费用与距离也有关系，而且前提是不能前往嘉陵江对岸）。合川的电动三轮车行业相当规范，所有车辆都配有执照和指定的运营区域。它们还得遵循最高收费标准，因此也没有乱抬价的空间。

重庆各区县的发展步伐到底跟上了主城区的节奏，私家车的保有量愈发膨胀，三轮车司机的生意注定只能持续一时。21世纪前10年近结束之时，合川城内这些绿皮三轮车搭乘顾客、运送行李配件的日子也走到了尽头。那帮精力充沛、健壮无比的司机，则再也不能风雨

长江索道（摄影：李柯成）

第 2 章
交通：从深居内陆到国际交通枢纽

无阻地全天候运送客人、热情地踩踏三轮车的油门了。时至今日，合川街头早已没有三轮车的半点踪迹，似乎它们全都被送进了报废工厂。

在重庆，还有另一种交通工具——长江索道。造访山城的游客，总把搭乘索道作为必游选项之一。登上索道之前，游客必须排队良久。游客队伍的面前有着一张大幅海报，其中有许多部中国电影中长江索道出镜的画面。如今的索道车厢内饰精美，空间大不说，窗户也是又宽又亮。索道车站作为旅游景点大获成功，彻底坚定了有关部门保留索道原址的决心。嘉陵

嘉陵江索道北站作为历史遗迹被保存下来（摄影：詹姆斯）

江上空的索道因此得以保留下来，当然，索道的部分设施仍需为新建的千厮门大桥让路。尽管如此，江北嘴大剧院附近的索道站点如今彻彻底底成了一座博物馆兼画廊，如有时间，非常值得游览一番。

如今，重庆本地人很少再去搭乘索道，而索道车站也改头换面成了游览名胜地。身处此地也很难想象，重庆市民曾是如此依赖这种交通工具穿梭于长江两岸之间。我曾有幸享受了几次"原生态"的索道服务，甚至还和英国来渝探望的家人朋友一路同行。那种滋味，我记忆犹新。与今天相比，那个时候的长江对岸与渝中半岛之间交通困难，南岸区和渝中半岛之间的连接唯有长江大桥。当时，雄伟的菜园坝大桥和东水门大桥都还没有完工，汽车想要跨江，只有过长江大桥这一个选择。正因如此，长江大桥长期陷入严重的交通梗阻之中。后来，经过翻修的长江大桥增添了两条车道——来去方向各一条。2006年，长江大桥复线桥开通，这是一座与长江大桥平行的桥，复线桥的开通相当于使桥面宽度足足扩张了两倍。

过去，南岸区的弹子石半岛上曾经坐落着一条命运多舛的"洋人街"。所谓"洋人街"，乃是一处主题公园兼商业街。由于免了租金，许多在重庆生活的外国人纷纷选择在此兴办酒吧和餐馆。可是，三年的黄金期过去之后，"洋人街"渐渐生意黯淡。如今，整条街道已经迁往涪陵区的"美心红酒小镇"，并在那里得以重建。新址同样位于长江之滨，而且人气甚至高过往日。

提到"洋人街"原址的开幕典礼，我还有一段美好记忆。当时，我搭着一辆大巴从"洋人街"返回解放碑。大巴乃是美国进口车，跟无数好莱坞电影里常常渲染并浪漫化的黄色校车外形一模一样。同车的各位外国游客都是热情高涨，这次独一无二的旅程因此有了派对一般的氛围。旅程很棒，只是耗时有点长——足足花去了近一个小时。那时想从

第 2 章
交通：从深居内陆到国际交通枢纽

迁往涪陵之前的洋人街
（摄影：杨树平）

弹子石回到渝中半岛，必须绕一大圈，从上游的重庆长江大桥过河——说明重庆确实需要更多的桥梁以保证交通畅行。弹子石地区能够成为如今这般的房地产热地，也是依靠基础建设的振兴。

东水门大桥得名于渝中区的一座古城门，而大桥正好就在城门原址附近。大桥联通了渝中半岛和长江对岸的南岸区，大大释放了两地的交通潜力。有了这座大桥，长江索道再也不是通达两岸的必须选择。随着索道乘客人数的日趋凋零，2011 年，索道正式停运，随后进入三年的翻修期，以求把索道站改造为游览区。

我搭乘老索道的次数并不多。寥寥的几

回不过是为了体验生活，或是前往长江对岸的逍遣漫游。当时索道站内的一切设施都状态欠佳——大厅陈旧、电梯肮脏，索道班次很少，所有乘客必须挤在仅有的几节车厢里。每隔5到10分钟，长江两边的索道车厢都会载着客人同时向着对岸出发。抵达之后，列车先是卸下客人，然后再让新一批乘客上车。南岸那边的索道站当时还地处偏远。走出站台，只会发现一片破旧的房屋和狭窄的小街。人们要想抵达汽车站所在的地方，还得步行一段很陡的路段。那个时候人们通过索道完成日常通勤的艰辛，由此可见一斑。

东水门大桥联通了渝中半岛和长江对岸的南岸区（摄影：盛利）

第 2 章
交通：从深居内陆到国际交通枢纽

索道留下的种种积极因素仍在发光发热——比如，登高临下看到的城市美景、索道身下隐藏着的民居、在长江上空静静划过的非凡体验，以及踏上索道（如今的索道车厢只能算是当年的"遗物"）的那种纯粹的浪漫感觉，都在吸引着本地市民和外来游客前来探访与体验。主楼外的售票处仍向大家提供每次出行所需的纸质票证。但是，索道公司也在拥抱现代化的支付方式，游客大可凭借电子卡片刷卡上车，并且因此得到价格上的优惠。

对我而言，提及索道的时候其实还有一点

千厮门大桥建于古代城门"千厮门"原址之上（摄影：傅南寝）

点遗憾——横跨嘉陵江的索道，我还从未体验。2011年初，嘉陵江索道接待了最后一批乘客，随后便被拆除。一切都是为了给千厮门大桥让路。千厮门大桥建于古代城门"千厮门"原址之上而因此得名。游客若对重庆索道感兴趣并想了解更多相关信息，重庆中国三峡博物馆的有关展区一定不可错过。

大约20年前的重庆主城区，桥梁缺乏导致的交通不便现象非常突出。不过，长江和嘉陵江两条航道并未因此成为过河的替代选项，倒是更多地被用于货运和商业用途——尤其是渔船、游轮船队和往来于三峡库区及重庆主城之间的水翼船（水上飞机）。此外，江面上总有挖掘河沙用于建筑工地的运沙船，以及定期在此巡游的海事部门公务艇。

相对上述几种船艇，除游轮的旅客外，重庆市区并无太多想要搭乘轮渡服务的乘客。到了市区边缘，还是存在一些运送汽车的轮渡服务，它们大多位于某些"战略性"的位置上，汽车选择轮渡前往对岸，也是因为路上绕行将会大费周章。我写作此书的同时，北碚区嘉陵江段尚还存在一处提供轮渡服务的码头。不过，由于邻近的水土大桥已经完工，相关服务也只是为来往乘客提供一种怀旧的感觉而已。到了深居小三峡之中的巫山县双龙镇这样的偏远地区，仍有汽车轮渡在提供将车辆运到大宁河对岸的服务。其实附近的双龙大桥已把曾经崎岖费时的路程缩短成为一段耗时不到10分钟的路程，同时为曾经隔绝的江河两岸带来全新的发展机遇。重庆直辖市的现代化进程早已触及市内最为遥远的角落，以前那种搭车渡船的浪漫感觉只能留待历史去记载和缅怀了。

大金鹰是坐落在南山之上的显著地标（摄影：熊力）

重庆的桥和船运

除却轮渡，重庆的江面上还曾有过另外一道引人注目的风景。同样地，这道风景如今也已消失在往事深处。它们就是一座座浮在江面上、身形巨大而灯光璀璨的水上餐厅——都是由船舶改建而成。它们一度是重庆江岸边上最常见的画面，在长江南岸的南滨路一侧尤其醒目。21世纪最初十年，南滨路可是观赏重庆夜景的最佳地点。2003年底，我第一次见识到了南滨路的亮丽夜景，那种感觉至今难忘。当时，我刚在南山上的金鹰观景台（那里视野很好，可以看到方圆几

63

雄奇山城
一个外国人亲历的新重庆

十公里内的重庆景色）流连了一阵，随后坐着一辆出租车下山。山路蜿蜒曲折，山间的植被也实在茂盛，因此哪怕想在下山途中窥望重庆风景，其实看得并不真切。当我来到南滨路，这里的流光溢彩，还有重庆那在许多人眼里堪比香港维多利亚港的璀璨夜色深深迷住了我。如今，我甚至敢下一个结论：重庆的夜景已经超过世界上的大多数城市。因为唯有在重庆，才可以看到如此集中连片的摩天大楼与江边的旅游名胜。这里的夜色辉煌灿烂、富有生机。如果再细细探寻，还会发现洪崖洞这样的景点——这是一座融合了现代风格的仿古楼宇，模仿重庆传统的"吊脚楼"而建。有了所谓的"吊脚楼"，人们可以更为亲近江岸，在水边建立大规模的居民区，即便洪水来临也不用撤离。

老重庆的吊脚楼，人们在水边依山而居
（摄影：戴前锋）

在船型餐厅盛行时期，食客在码头边下车，然后步行穿过一座座浮桥，就能登上一座座巨大的水上宫殿。每到天气好的日子，餐厅的生意往往也特别红火，露天的顶层甲板一位难求，楼下那些雅间乃至宴会厅却都变得无人问津了。船型餐厅大多依靠售卖各种传统重庆风味的鱼类菜肴起家。点菜的时候，还有一道寻常的风景：服务员会当着顾客的面，用网兜把大小不一、品类不同的鲜活鱼儿从鱼缸里捞出来供君选择。每到此时，

第 2 章
交通：从深居内陆到国际交通枢纽

重庆江岸边由船舶改建而成的水上餐厅（摄影：熊力）

顾客也得聪明一点，小心注意店家在那种常用的中式秤砣上耍手段，免得当了冤大头（译者注：船型餐厅是按斤两收费的）。随着相关法规的日趋严格，一度在重庆市区的河道边上占据着重要位置的船型餐厅最终还是消失得无影无踪了——有些餐厅缺乏相关卫生设施，不得不一直向河水里排放生活垃圾；另一些餐厅则没有合格的经营许可证，因此被迫关停。如今，如果我们还想找回一点类似的感觉，只能前往停泊在朝天门码头的游轮了。有些时候，游轮会开放顶楼甲板，供

65

客人们在此用餐。

近年来，朝天门码头的船运事业小有复兴的趋势。一些轮渡和游船路线因此得以恢复：比如，嘉陵江上游10余公里的大竹林与朝天门之间的轮渡路线、跨越长江前往弹子石码头的轮渡路线，甚至前往广阳岛的游轮——广阳岛位于长江之中，面积很大，一度成为房地产开发的重地，不过目前已被规划为生态保护区。无论游客选择哪条路线，都是一次从江面上饱览重庆风光的好机会。路途中，乘客可以悠然看着诸多的城市景点从眼前慢慢经过。此外，在重庆两江河道沿岸分布着的船运码头当中，不少都在这些轮渡或游船路线的经停站点之列，其中就包括位于嘉陵江畔、因陶瓷贸易而兴盛一时的磁器口古镇。

实际上，船运曾是重庆交通最为重要的组成部分。那个时候，这里的人们不但要依靠船运沿着长江一路东行，长江及其支流上游的诸多地点也要依靠船舶与重庆连接，牵涉的里程多达几千公里。年轻时的邓小平就曾是这样一位依赖水运的旅客。1919年，15岁的邓小平离开故乡广安来到重庆，成为重庆留法预备学校的一名学生。预备学校位于渝中区境内，靠近解放碑，目前已成为第二十九中学的一部分。如今的中学校园里已经难以找到当年预备学校的痕迹。不过，二十九中仍为当年的校友立起了一尊雕像。校方还兴建了一座博物馆，用摄影展的形式完整记录了邓小平当年的求学过程。校园内的"期贤楼"也跟邓小平有关——因为这位伟人原名为"邓希贤"。同时，"期贤"也有鼓励学子努力奋进、争当贤良的意思。

在如今的重庆，航运早已将交通的主导地位让给了陆路运输，曾经繁荣的码头也大多被用于其他用途。要么用来停车，要么被本地人当作江中游泳的大本营。每到夏天，码头还会出现一个有趣现象：上游的暴雨导致

第 2 章
交通：从深居内陆到国际交通枢纽

曾经的朝天门码头（图片提供：视觉中国）

江水暴涨，下游的河面也会在一夜之间提升不少。在这个时候，船型餐厅的伙计们会向把汽车停泊在码头里的车主及时提个醒——要不然，他们的座驾就要被卷进江底了。于是，我们可以看见各位车主手忙脚乱地冲进部分已经没入江面的废弃码头，又急匆匆地把车开到高一点的区域。即便到了今天，汛期的江面都可能涨到难以想象的高度。2020 年的夏汛，就淹没了重庆的不少滨江道路。河道行进的船只，甚至一度和单轨二号线几乎处于同一水平线。

67

交通建设的发展

渝中半岛（摄影：盛利）

重庆的多山地貌，必然导致城中道路狭窄蜿蜒，这样的道路维护成本也相对较高，渝中半岛尤其如此。一些旧城区——比如我曾经生活 4 年有余的沙坪坝区，原本的道路规划没有从长远的角度出发，把社会经济因素纳入考虑。因此，它们大多曲曲折折，在人口密集的居民和商业区之间拐来拐去。换在上一个时代，类似的道路情况倒还可以维持下去。但随着中国的经济发展进入全盛时代，如此路况已经难以承受重负。今天的重庆各区已经拥有很多交通上的便利——比如单向的交通循环系统、无数的地下隧道和便捷的立交桥——交通堵塞的情况因此大为改善。但是，到了上下班高峰时段，城市道路交通堵塞的现象依然很严重。

第 2 章
交通：从深居内陆到国际交通枢纽

本世纪伊始的重庆绝不是一个开车人的天堂。当时，每一天的出行都是一次和狭窄、颠簸、堵塞道路的相逢，同时还得跟数不清的公交车、工程大卡车抢夺路权——拜城中大量的房屋建设工地和新兴基建所赐，城区道路上的大卡车简直多如牛毛。因上述因素的存在，为这座城市带来了厚如云层的呛人烟尘，以及由有害气体和打雷一般喧闹噪声组成的环境污染。

我一心一意想通过本章的相关内容，为世人介绍重庆一步一步变身为如今现代、宜居、繁荣和环保面貌的全过程。同样我也觉得，描述一下重庆曾有的交通困境十分必要。那个时候的重庆有着诸多的优势，但市民在日常出行方面也会遭遇数不胜数的困境。随着章节内容的推进，一切都会变好。曾经的艰难和无序，都是发展必经的过程。大家为此苦苦挨过了许多年，方才造就当下的经济奇迹——相关的成就在当下的重庆四处可见。我绝不希望把重庆描绘成当代的乌托邦，也不想用当今的繁荣掩盖过去的缺陷。我将本着诚实的态度，强调重庆这座城市在极短的惊人时间之内所取得的广泛成就。同时，也把这些成就与我 20 年前在此地见识到的种种艰辛做一个对比。两相比较之下，各位读者更能发现当今重庆的优良环境之难能可贵。

仅就物理距离而言，重庆境内的临近区县都并不遥远。但是，就在过去，区与区之间的交通不但耗时良久，舒适度也没有一点保证。在当时那种落后的交通状况下，北碚和璧山这样的卫星城就像远在天边。平平常常的一次出行，也有着万般的艰辛。随着城市化的飞速进展，这道"天堑"也在慢慢地被填平。北碚已经融入重庆，璧山也已和部分主城融为一体。有了全新的高速公路、桥梁和隧道，从主城抵达北碚与璧山仅仅需要不到一个小时的车程。通过驾车或者地铁出行，完全可以在半天之内走个来回。

雄奇山城
一个外国人亲历的新重庆

由于现代化的交通网络，如璧山云巴，璧山的交通变得非常方便（图片提供：视觉中国）

我在沙坪坝生活多年。对我和其他旅居此地的西方人而言，解放碑是我们造访最多的地点。在夜店和西餐厅方面，那里提供的选择有很多。有段时间，位于当地的各个领事机构也还愿意邀请我们参加相关的活动。除此之外，我特别喜欢南岸区。市区内唯一一家温泉度假酒店，就位于南滨路附近的海棠溪附近。重庆市区的美丽环境和绚烂夜景，让我常在城里流连忘返。不过，我个人最喜欢的经历仍是在重庆泡温泉。海棠晓月度假村关闭整修之前，我常常在那里享受温泉的滋润。我喜欢这里各种设计优雅、颜色鲜艳的泡池和开阔的江景。我还喜欢躺在大理石上享受按摩，或是去那间小竹棚里品尝新鲜的茶点和洒着糖霜的蛋糕。当我对妻子展开追求的时候，海棠晓月就是我俩最常光顾的地点。我还记得，自己就是在此地通过电视观看了 2004 年的雅典奥运会，亲眼见证刘翔获得 110 米跨栏金牌并打破世界纪录，登上他职业生涯的顶峰。

除却去南岸区泡温泉，另一件让我常常跨越几个城区而前往奔赴的重大事情，则是现场观赏重庆力帆足球队征战中国足球超级联赛的历程。力帆队以斗志满满而著称，但却不幸在 2022 年新赛季之前遭遇解散。此前，俱乐部就长期挣扎在财政危机当中。许多队员因此被欠薪长达一年。为求生计，一些人不得不选择第二职业，比如当外卖小哥。我在重庆的看球经历始于大田湾与红旗河沟——这两处球场规模很小且设施不佳，而且都是半露天性质。2004 年，重庆为迎接亚洲杯足球赛而兴建了奥林匹克体育场。此地后来成了力帆俱乐部的主场。在那一届亚洲杯上，重庆主办了包括小组赛和几场淘汰赛在内的赛事。我有幸观看了日本、伊朗、泰国、乌兹别克斯坦、土库曼斯坦和约旦之间的绿茵争夺。我还记得，重庆主办的最后一场比赛在日本与约旦之间展开。比赛也以一场闹剧般的点球决胜告终——日本队队员在某一处球门之前表现差劲。由于他们抱怨连天，裁判竟然决定更换罚球的球门，真是叫人哭笑不得。

很不幸，在重庆现场观赏中超联赛的感受从来都不算特别美妙。当然，这里的观众虽然有些古怪，但也一刻不停地在为球队挥舞旗帜、用哨子吹奏出有节奏的节拍并高声喊出本地方言中的助威口号。有些人还会赤膊起身在其他观众面前游行，把半个足球做成的皮帽子抛到空中。他们的衣衫也都有着统一的红色色调，与球队的颜色保持一致。

每到比赛日，最为重要的观赛装备无疑是一份报纸——无论天气如何都是如此。有了它垫在身下，才能在脏兮兮的座椅上安然就座。对了，这些椅子都没有靠背。另一个让人兴致大减的因素在于场外那些票贩子。他们会把最佳观赛位置的球票提前收罗一空，而后再溢价售出。直到比赛打响之后，他们又会低价兜售球票。有那么一次，我路过红旗河沟附近的球场。一位个子小小的票贩子卖给我一张当赛季晚些时候的主场球票。其后，他竟然大起胆子想要低价回收我那张球票。我没有让他得逞，转而留下了那张球票并在开赛当天准时进了球场。

在重庆，任何地方要修建全新的基础设施，总会临时占用该区域的公共道路系统，工程用的大卡车会像潮水一般席卷整个地域。通往桥梁和隧道的主干道常常沦为严重的交通堵点。这里的十字路口、环形道路和交叉口通常设计不周，无疑在为交通堵塞火上浇油。高峰时期较短的绿灯通行时间，更是时不时就造成万车争流的混乱局面，由此而来的碰撞和追尾事故同样很多。卷入事故的司机需要交警前来协调处理，更是进一步加重了堵塞。在重庆，有这样一句有趣的民谚——转错一个路口，就是重庆一日游，重庆路况的复杂程度由此可见一斑。司机如果在类似的路口选择左转，很可能会在开出路口的时候遭遇行人通行的绿灯，在过去，如此情况可不算少见。许多司机为了争分夺秒不惜闯红灯，反倒造成了道路中央堵成一团。如此这般的种种错误，曾在很长一段时间给重庆的司机带来了麻烦。还好，一系列改进措施渐渐修正了曾有的问题，过去许多交通堵点都得以解决。

21世纪最初十年，重庆启动了一系列桥梁建设工程，由此带来了大量全新的发展机会。渐渐地，跨江交通再也不用承受以往那般巨大的压力。重庆基础建设的脚步是如此迅捷，2005年初，茅以升桥梁协会正式授予这座城市"中国桥都"的名衔。到了2022年，重庆主城境内的跨江桥梁（包括建成和在建的）达到41座。除了惊人的数字之外，重庆桥梁的类型同样十分多样，包括梁式桥、拱式桥、悬索桥和斜拉桥这四种最为传统的桥梁结构。许多桥梁可以同时容纳车辆运输与轨道交通两种用途，也因此创造了世界纪录。此外，重庆的不少桥梁克服了地形上的挑战，且将迷人的都市景观与壮丽的山水背景融为一体，同样也让世人惊叹。

重庆的交通状况大有进步，隧道的贡献同样不遑多让。曾经纵贯全市、令人却步的大小山脉如今已被四通八达的隧道驯服。一度隔绝于外的土地如今成了城市新区，不但变身经济上的热土，还让无数居民前来定居。同时，全新的地下通道为渝中半岛、南岸区、江北区等地的交通堵塞找到了坚实的解决方案。司机大可在隧道内畅通无阻地行进数十公里，而后在适当的出口驶出并顺利抵达目的地。

桥梁和隧道极大地提升了轨道交通系统的效率。重庆轨道交通六号线之上的三座车站正好能够为此提供证明——列车向南行驶，通过长长的隧道进入江北区境内的大剧院站，而后又穿越千厮门大桥，来到解放碑附近的小什字站。其后，列车继续前行并在东水门大桥上跨越长江，一头钻进隧道并穿过南山。整个过程仅需10分钟而已。如此奇妙的列车旅行看起来不可思议。但是，只要来到重庆并搭上轨道交通六号线，便可以轻轻松松跨越两江三区，简单随意得仿佛如履平地。

在这座山地城市之中，建筑顺应地势而建。比如，道路必须一直蜿蜒向上，爬升极长的距离方能到达某处居民区。如此的例子不胜枚举，菜园坝大桥南端的苏家坝立交就是其中之一。这是一处连接上下、呈盘旋状的立交桥道路。一条隧道拦腰与之相连，而汽车也可借此开上临近的斜坡。待到道路抵达最高点，我们若从高处俯瞰身下的江面，才会惊觉苏家坝立交攀援而上所覆盖的惊人高度。苏家坝立交是工程学上的奇迹，也是人类挑战自然的成果。同时，它和轨道六号线上短短10分钟的旅途一样，也显示了重庆人在日常生活中毫不在意地完成最为惊人神奇之旅的过程。

雄奇山城
一个外国人亲历的新重庆

菜园坝大桥南端的苏家坝立交桥
(摄影：何文)

在过去，重庆的环岛交通一向都是问题多发地带——比如不统一的路牌、高峰期的拥堵、过短的绿灯通行时间，还有那些争先恐后、互不相让的司机和行人。面对如此混乱的局面，许多人只能选择忍受。不过，环岛交通的问题后来得到了创造性的解决。随着拥堵严重的十字路口底下有了一条大型地下隧道，不仅这个方向的车辆可以直接穿洞而过，同时也大大缓解了另一个方向的堵塞。大批车辆得以分流到了地下，地面环岛交通自然轻松了许多。诚然，

第 2 章
交通：从深居内陆到国际交通枢纽

隧道和天桥的建成绝非一日之功，往往需要花费好几个月甚至数年。不过，相关的成功经验得到推广之后，重庆城区的其他"著名"堵点也纷纷脱困。渝北区的星光大道就是这样一个例子。它坐拥多条隧道，每一条隧道都位于路口的下方，并且穿越地底直抵对向方向——如此安排富于创新，也有着高度的实用性，堪称解决城市交通问题的一大创举。

在创造工程奇迹方面，重庆这座城市总在突破纪录。请注意，这里的地铁与轻轨系统可是在城市生活区当中完成了兴建，而且工期耗费数年。我来到重庆的最初十载，也是相关工程所造成的负面效应最为突出的一段时间。其间，市民百姓默默忍受着由此而来的交通堵塞问题，静静地与起重机、脚手架、卡车和各类机械相处共存。此外，大家还得时刻跟浓厚的烟尘以及骇人的噪声相伴相随。我在中国已经生活了 20 年，这个国度正处于追求现代化与民族复兴的历程之中，而我对此印象最深刻的之一莫过于中国人民在此期间表现出的那种令人难以置信的宽容。要知道，其他国家的地下铁道系统大多在当地的大规模城市化建设开启之前便已完工。可在重庆，类似的巨型基础建设反而发生在城市化之后。沙坪坝区三峡广场地下的轨道交通一号线便是这样一个例子。我对此有着特别的回忆：当时，我和一些旅居本地的外国朋友常在深夜去三峡广场饮酒聚会。就在距离我们 100 米远的地方，好些大卡车载着土石方从那些通往地底深处的隧道里钻进又钻出。可想而知，无数的钻头正在地下疯狂劳作，带来数之不尽的沙砾尘土。工地的一边，人们若无其事地照常生活、工作。哪怕工程有时会瞬间造成地动山摇一般的爆破，他们也没有过多的反应。对此，我不禁展开畅想——同样的事情如果发生在西方，很难想象人们能够如此淡定。可是到了重庆，大众有着强烈的共同愿望，都想把这片一度落后的地域建设成为国际都市兼经济发达地区。正因如此，大家才给了类似的基建工程毫无保留的支持，并且绝少因此抱怨。

我来到重庆的最初两年，这座城市还没有轨道交通路线。要想出行，我要么坐公交，要么就从那支黄色出租车舰队当中选择代步工具。不过，到了最为拥堵的尖峰时刻，其他交通工具都无法顺利运行的时候，我倒是还有一个最后的选择——所谓的"摩托车的士"（以下简称"摩的"）。它们可以完美避开交通高峰，在望不到边的车流当中缓缓向前行进。搭乘摩托车当然有着显而易见的危险性。不过，那个时候重庆的"摩的"，可不是我们在英国高速公路上寻常可见的那种风驰电掣的高级货。在大多数情况下，"摩的"要想高速前进还不大容易。而且，各位"摩的"司机还会为乘客预备一顶头盔。高峰时段，每辆车都只能慢慢行驶，也实在无暇对"摩的"构成安全威胁。但是，搭乘"摩的"并非一种经济实用的消费。各位"摩的"车主能够上路都实为不易，因此也知道物尽其用的道理。他们的收费标准跟一般的出租车并无区别。

终于，交警还是开始出手对摩托车进行整治，而重庆的"摩的"由此寿终正寝。毕竟，这些"摩的"从未得到正式的运行许可，只是因为无人稽查方才得以在重庆的道路上存在多年。诚然，重庆已经成为世界上最大的摩托车生产基地之一。据称，全世界四分之一的摩托车出自重庆，而重庆路面上的摩托车数量却在年年降低。如今的摩托骑手必须经过一系列严格的审查方可开车上路：从注册到牌照申领，再到购买保险、定期维护和配备安全设备。遍布全城的各大交通要点都有交警的移动岗哨，想要侥幸逃脱检查实在不大可能。一般的汽车车主也面临着同样的严格规定。著名的夜生活场所附近，往往也是交警查酒驾临时岗哨的密集之处。即便是普通的通勤路上，负责检查酒驾的交警巡逻队伍也不鲜见。警察只消动一动手边的便携装备，司机的酒驾等违章记录就一览无余了。

我来渝初期，"摩的"是我公共交通出行的"最后选择"。唯有那么

第 2 章
交通：从深居内陆到国际交通枢纽

一次，我做出了一次堪称鲁莽的抉择。当时，我刚刚结束暑假从英国探亲返华，准备陪着未来的妻子前往合川的一家医院探望岳父大人。岳父患有慢性病，当时正在住院治疗。长期暴饮暴食与饮用高度白酒的习惯，让他在退休之后疾病缠身。由于脑梗、高血压和糖尿病的困扰，岳父的日常生活大受限制，每一天都只能在吃饭、看电视、玩麻将和午觉之间循环往复。

事情发生在一个夏末的夜晚，具体的细节有点模糊不清了。我只记得，自己想为未来岳父准备一点特别的礼品，于是从英国带回了一套餐具，餐具上特别装饰了英国的米字旗以志纪念。很不巧，岳父大人并未把我的礼物恭恭敬敬地摆进家中的壁橱，倒是直接拆掉包装，拿上那副刀叉吃起了他的病号餐。当时已是深夜，岳父的漠然态度叫我有点愤然。8 个小时的时差，更是带来了昏头昏脑的感觉。于是，我当即表示要返回重庆，而未来的妻子也没有反对的意思。就这样，我来到了大路上，并和一大堆"摩的"司机相遇了。经过讨价还价，我决定付出 100 元人民币，请他们把我送回沙坪坝。我们无法走上 G75 高速公路，只能取道高速旁边的蜿蜒省道——路上伸手不见五指，路面也是坑坑洼洼，而且来往都有不少汽车在通行。我还记得，那位"摩的"师傅对于路况简直了如指掌。我俩顶着一片漆黑，足足奔驰了两个小时，途中躲开了无数大巴和开着刺眼车前灯的工程运输卡车。我们甚至停靠路边休息了一会儿，让司机师傅放松片刻。

沙坪坝终于到了。当下"摩的"那一刻，我几乎虚脱。电话适时响起，原来是未婚妻。她表示，一位亲戚刚刚送她回到重庆。对于岳父的冷遇，未婚妻表示歉意。嗯，那可能是我有生以来最为危险的一段公路旅程。不过，未婚妻那一晚想要和我相见的决心，使得我们不再是彼此的过客，而是成为了终身的伴侣。

除却摩托车，步行也是一种出行的选择。于我而言，步行这种方式具有一种特别的吸引力。在英国期间，我就对定向越野有着浓厚的兴趣，而且还特别喜欢户外远足。20世纪90年代末拿到驾照之前，我还经常骑着自行车四处拜访同学朋友。结果，我在重庆的第一次健足远行，成了许多年内我唯一的一次外出步行。那天，我约上了一位当时在重庆工作的苏格兰朋友，打算沿着嘉陵江步行前往解放碑。途中，我们发现了一座佛教寺庙。它掩藏在山间绿野之中，色彩斑斓的木制建筑引发了我俩前往探索的兴趣。而后，在一位虔诚的僧侣的陪伴下，我和朋友参观了寺院。其后的旅程当中，我俩的大部分时间都在和公路上的汽车斗智斗勇，小心谨慎地提防不把他们排出的尾气和路上的其他烟尘吸进肺部。这就是我第一次在重庆健步的经历，10多年内，也是我唯一一次步行探访重庆内城的经历。直到前几年，这个纪录才被打破。近年来，重庆更加重视生态优先绿色发展，出于绿色环保的考虑，我决定暂时抛弃汽车，再次选择步行。由于这场革命性的改变，重庆多出了长达几百公里的步行道路。道路遍布下辖区县各地，一度被认为无法在重庆开展的远足和骑行活动，由此成为数百万居民和游客的日常选择。要想享受重庆的都市美景和文化遗迹，这些道路更是不可错过。

绿色发展的功绩，再怎么赞誉也不为过。自第一次徒步探索以来，为了创造一个与顶级国际大都市相称的高品质生活环境，重庆市目前有惊人的1207公里长的步道，人们可以每天在这些步道开展多种活动，包括旅游、娱乐、健身，或随意欣赏河流、山脉和城市景观。一般来说，这些公共步道分布在森林、城市沿坡和河边等不同的环境之中。

在重庆徒步的一大乐趣，在于感受历史与现实之间"突然转换"的感觉。一瞬之间，旅行者可以从身边的风景中窥见一个世纪之前的模样。一些地标本身就有历史沉淀：比如，圣若瑟天主教堂就那样默默地立在

第 2 章
交通：从深居内陆到国际交通枢纽

巴蔓子将军雕塑（摄影：杨树平）

一条无名小路的一边；保护良好的"大韩民国临时政府旧址"同样惊艳；巴蔓子墓也是这样一处让人怀想的故地。传说中，这位公元前4世纪的巴国将军曾将3座城池作为代价割让给楚国，以求对方出兵帮助平定内乱。后来，为了信守承诺又不危及国家领土完整，巴蔓子将自己的头颅作为谢礼献给了楚国。

如今，重庆拥有超过两百公里的森林步道，大多被人们用作休闲和健身的场所。有趣的是，许多步道并不需要清理绿地重新建设，而是就在自古以来存在的老路之上翻修而成。例如，在古代，穿越长江以东的南山的黄葛古道是商

雄奇山城
一个外国人亲历的新重庆

古老的黄葛步道至今仍可行走
(摄影：詹姆斯)

队青睐的繁忙路线。这些商队从贵州和云南运来茶叶和草药，并曾将现已修复的黄桷垭古镇作为住宿、饮食和贸易的天然停靠点。

如今，重庆的城市步道担任着双重职责，既是吸引游客的景点，也是公共行走的路径。"山城步道"的入口隐藏在解放碑一处繁华路口的旁边。它依山而建，经过许多旧时民居、古老的教堂、石头修砌的外国领事机构原址，而后又通过一条条支路与不同的居民区相连，每条支路都有数公里长。如今，步道两旁不乏各种游客服务设施——比如商店、摊位和茶坊，

黄葛垭曾经是连接重庆、贵州和云南的古代贸易路线上的一个主要站点（图片提供：视觉中国）

但翻修工程仍保留了重庆旧时街巷应有的状态，适合公众前来探访怀旧、欣赏传统建筑和江上景色。重庆市中心坐拥两江四岸，由此也有了漫长的天然步道可供公众选择。2022年，这样的步道总长度已经达到400公里，其中大多数已被用于自行车运动和慢跑。嘉陵江畔金海湾滨江公园的17公里长的步道一旁，漫布绿草的山坡、时令的花朵、潺潺的溪流，还有那岸边为来往船舶照明护航的灯塔，更是平添几分浪漫色彩。

新来重庆的外国朋友常常问我，这座城市

雄奇山城
一个外国人亲历的新重庆

是否适合骑行。对此我总是回答：是否适合骑行，要看你是打算就近骑上一骑，还是打算骑着自行车跨区。如果要在本地骑自行车，江边的自行车道就是最好的选择。这里的地形较为平坦，与其他汽车、行人和蹒跚学步的儿童发生摩擦的可能性也相对较低。众所周知，重庆市中心起起伏伏的地貌和快速流通的道路系统，让各类人力车辆都在这里难以生存。但这种印象，如今也遭遇了现实的挑战。最近，渝北区出现了一支由可租赁电动自行车组成的庞大队伍。眼见人们居然敢把这些车辆开上路面，我也不禁有点惊讶。

隐藏在解放碑一处繁华路口的"山城步道"入口
（摄影：王金城）

第 2 章
交通：从深居内陆到国际交通枢纽

每一次看见这些电动自行车集体出动、把地铁站等重要交通节点或者小区门口附近的人行道占得满满当当的时候，我都不由得想起儿时的那些道路交通安全课程。我还记得基础的安全守则，以及一位志愿者的特别叮嘱：一定要戴好头盔，穿好反光背心；出发之前必须眼观四路，转弯的时候一定要伸手示意。对于各种潜在的危险都得保持警醒。我在驾校操场上那些石灰粉画成的"道路"当中学习驾驶的时候，倒也没少被教练批评——当然，个人觉得这主要是因为教练施教不当，而非我不守规矩。25 年以来，我曾在英国、中国等多国有过驾驶经历。清清白白的零违章记录，足以证明我的水平。

在我看来，重庆的电动自行车目前还属于狂野无序的状态。尽管大多数人仅将这种交通工具用作近距离骑行，一些相关现象仍然足够让人心惊。比如，常有儿童和大人毫无顾忌地骑在同一辆车上，而且都没有佩戴头盔；有些骑手毫无顾忌地骑车蹿上要求最低时速 80 公里的繁忙道路，以蜗牛一般的速度在路上徐行。而且，骑手选择还回车辆的地点常常十分奇怪，包括环形路上、中央隔离带，或随随便便丢在大马路旁边。我衷心希望，随着时间的推移，各位电动自行车的使用者对交通安全更加注意一些。

电动汽车的诞生，堪称席卷重庆交通系统的另一场革命。仅仅几年前，区别于普通汽油车的荧光绿色车牌还不多见，而且充电桩还没有成为停车场和住宅车库的常规配置。然而，在过去的一年中，燃油价格逐渐上涨，而政策补贴、技术创新、吸引人的设计、更长的续航里程以及针对基础设施的大力投资，都极大地提高了消费者的信心，以至于 2022 年 7 月重庆的电动汽车数量达到了 17 万辆，销售额比上一年增长了 50%。与此同时，当地社区每天 24 小时开放充电站，充电桩数量达到 7.3 万个。

最近在海南休年假的一周，让我意识到电动汽车的进一步发展。我一直认为，这种技术仅限于私家车和自行车，但在从附近的高铁站前往海南海花岛的旅途中，我惊讶地登上了一辆拥有50多个座位的大型电动客车，并发现人工岛完全由这样的车队提供服务，从穿梭巴士到小型马车。那一周我乘坐的大多数当地公交车都挂着绿色牌照，在棕榈树林立的道路上几乎无声无息地滑行。如今，重庆市中心和整个城市的许多城市公交线路都在从燃油转向新能源，由于减少了噪声和节能减排，生活环境也得以进一步改善。

不过，当今重庆的交通系统虽然已经高度发达，却也存在一些小缺陷——每到夏汛来临，地铁站总要遭遇漏水事故；LED交通灯时不时就会失灵；高速公路路口的自动收费护栏偶尔无法打开，而各类电子眼则对微不足道的小违章大开罚单。不过，虽然需要改进的各种问题诚然很多，但重庆交通整体上的进步仍然值得称赞。一些浩大的工程成就，让一些曾经闭塞的角落摇身一变成为重要通衢。除了连接全市各区县的14000多座桥梁和隧道外，许多规划的地铁线路已经成为现实，内环路已经进行了拓宽改造，双向都有5条车道，而4条外部高速环路直接连接了卫星城市，以便过境重型货车方便地绕过市区。

重庆现已成为中国汽车产业的一大重镇，同时也是自动驾驶方面的先驱，相关研发测试正在各个高科技园区中如火如荼地进行。与此同时，电动汽车取代燃油车的进程也在稳步推进，每天都有大量顶着荧光绿车牌的新能源汽车上路运行。

大型基础建设工程的完工，让许多曾经与外隔绝的地方焕发出了经济潜力。随着连接开州和城口的高速公路得以竣工，重庆也达成了"境内每一个区县都有高速公路通达"的目标。为了这个目标，有关方面克服了巨大的技术困难，同时征服了自然环境的各种障碍，才能让这些地理位置偏远闭塞的地区融入现代发展的轨道。

秦巴山脉一度成为重庆市与陕西省之间的天然障碍，山脉最高处云雾遮盖，平均海拔达到2000到2500多米。城口县长期以来没有高速公路，

第 2 章
交通：从深居内陆到国际交通枢纽

2022 年，G69 银百高速公路重庆段穿越县境，结束了当地无高速公路的历史。银百高速路全长 2281 公里，预计于 2030 年全线贯通。

其中，银百高速的城口到开州段所需的投资高达 235 亿元人民币。这段高速路全长 128 公里，拥有 63 座桥梁及 19 条隧道。由于超高的桥隧比、复杂的地理施工环境和安全方面的种种考虑，银百高速公路城开段也是重庆公路建设史上最具挑战性的一项工程。其中，蓼子特大桥堪称城开高速公路之上的一大地标。大桥拥有 330.8 米长的钢架结构，垂直高度也达到 135 米。类似的桥梁构造还是第一次在中国投入使用。独特的拱肋组合减少了所需的山体开挖总量，从而将安全问题和对环境的影响降至最低。

城开高速公路的桥梁设计可谓世界领先，其隧道建设同样惊人。城开隧道全长竟有 11.5 公里，建设的最大埋深达 1337 米，由此成为重庆直辖市境内长度居首的汽车隧道，其总投资额达到 15 亿元人民币。隧道穿越的雪宝山的地理和水文环境极其复杂，断层线、破碎带、岩溶地层、岩爆以及其他安全风险等比比皆是，为工程建设带来了极大的挑战。

先进的多功能钻机以每小时 10 至 15 米的速度在隧道中钻孔，能够提前准确预测地质条件，使工程师能够成功预测 160 多个潜在灾害。同时，建筑信息模型（BIM）技术的推广实现了实时数据管理和监督，以确保项目顺利完成，不会发生意外。离开隧道后，雪宝山立交桥映入眼帘，路面高出谷底 100 多米，桥墩站在几乎垂直的悬崖边。由于该项目坐落在崇山峻岭和滔滔江水之中，即使是该交叉口的两公里长的便道也存在重大施工困难，安全风险高，材料运输也具有挑战性。

2003 年 8 月，我第一次走下上海开往重庆的漫漫列车，无数次为了去某个重庆区县而在无名郊野延绵数十公里的颠簸道路上蹉跎时光，以及在市区的狭窄道路上忍受交通堵塞和无数的建筑工地大卡车之后（注意，当时还没有轻轨和船舶这些交通工具可言），我实在无法相信，重庆规划馆大厅里那些雄心勃勃的、关于大型交通基础建设和高速公共交通系统的远大规划有朝一日能变为现实。正因为如此，今日重庆的种种成就堪称奇迹。它也是中国人民精神的象征——只要有了统一的奋斗决心，世间就不存在什么难以逾越的障碍。他们可以克服那些让绝大多数国家望而却步的技术挑战，也能投入其他国家难以企及的巨大努力。无论您身处重庆的哪个角落，都不难发现类似的工程上的伟大奇迹。

从山城开出的列车

重庆有着悠久而丰富的铁路史，其复杂程度甚至超过了史册记载。1929 年，爱国实业家卢作孚呼吁在北碚建设一条沿着嘉陵江岸运行的铁

"北川线"一直运行到 20 世纪 60 年代早期
（资料图片）（摄影：王金城）

路，由此拉开重庆铁路建设的序幕。这条铁路仅有 16.8 千米长，它得以兴建，完全在于运送沿线的煤炭资源。随后，北川铁路公司应运而生，而这条铁路——北川铁路也在 1934 年建成通车。当时的重庆尚是四川省的一部分，这条铁路因此成为四川省境内的第一条铁路。铁路建成之前，每天从天府煤矿运出一吨煤并拉到江边码头，都需要 20 个人的群策群力。有了铁路的帮助，煤矿的日产量达到 2000 吨，大大保证了抗战期间的能源供给，这条"北川线"一直运行到了 20 世纪 60 年代早期。当时，附近煤矿的日产量达到 5000 吨。1963 年，天府煤矿停产，而铁路线也随之停运。北碚区政府已于 2021 年重建北川线，以求还原历史、振兴旅游，而许多铁路发烧友因此很快就会迎来重新体验历史的机会。

川渝地区第一条铁路在哪里？对于这个问题，有部分人的答案是"成渝铁路"。这个答案并不算完全正确。但是，这个有着里程碑意义的工程确实是新中国成立后当地运行的第一条铁路。成渝铁路本在 1936 年就已动工，但是，动荡的时局让建设时停时续。待到新中国建立之时，整体工程只完成了 40%，甚至连一寸铁轨都还未曾铺设。

新中国成立后，邓小平再次提出成渝铁路的建设。根据规划，这条铁路长达 505 公里。1950 年 6 月 15 日，工程正式启动。从开建到完工，成渝铁路仅仅耗费了两年多一点的时间，而且全由中方负责。建设得到了中共中央西南局的有力领导，以及社会各界的热烈支持。铁路建设的资源和技术需求都十分庞大。仅在铺设铁轨这一环上，就有 13 万军民参与其中。1905 年在英国谢菲尔德生产的"狄塞特·大卫兄弟牌"大型蒸汽机在此期间也是厥功至伟。成渝铁路的所有铁轨也都来自它的铸造。如今，各位发烧友可以前往位于大渡口的重庆工业博物馆，亲自欣赏这台达到 8000 匹马力的巨物的风采。工业博物馆在重庆钢铁厂的原址之上建设而成，而钢铁厂正是 38 公斤重的中华重轨的铸造地。

雄奇山城
一个外国人亲历的新重庆

1952 年 7 月 1 日，成渝铁路正式竣工通车，两座城市间的车程从一周缩短到 13 小时。铁路的建成带来了物质和文化交流方面的变化，将中国西南一隅和全国其他地区连接了起来。荣昌的煤矿工业由此繁荣起来，内江的名产"国富蜜饯"也借机扩大了销路，内江因此得名"甜城"。

尽管如此，初来重庆的我很少选择铁路出行，因为我对那一趟耗去了 55 个小时的从上海到重庆的旅程仍然心有余悸。2004 年春节，我

世界上只剩下两台这种 Davy Bros 蒸汽机了（摄影：詹姆斯）

第 2 章
交通：从深居内陆到国际交通枢纽

1952 年 7 月，成渝铁路正式建成通车。

又从重庆搭乘火车前往北京，单程就在铁道上花费 30 个小时。那个时候，成都和重庆之间的火车之旅也有 10 多个小时之长。因此，要想往返两地，刚落成的单程仅需 4 个小时的高速公路才是更好的选择。当然，这没有考虑路上时不时出现的拥堵现象。2004 年夏天，我登上一趟绿皮火车奔向贵州的省会贵阳市，那次我选择了耗时 13 个小时的卧铺车。那个时候的重庆市境内的不少区县都没有铁路，即便第二大城市万州也如此。出于交通方便，万州机场甚至开通了前往成都和贵阳的民航路线，每次耗时 1 小时。随着高铁的兴起，一切都在迅速变迁。有了高铁的加持，成渝之间列车运行的单程时间降到了两个小时以下。此后，沙坪坝站发出的"复兴号"更是把这一时间降到了 62 分钟！

随着渝怀铁路（连接重庆与湖南省怀化市）等新兴线路的完工，重庆与上海或北京之间普通列车长途旅行所需的时间也在缩短。时至今日，不过短短十年之内，重庆市内的大部分区县都已通达高铁。又因为电子车票的广泛运用，人们只需亮出身份证和二维码便可代替纸质车票的功能。高铁，就是重庆境内最为便捷、最为快速的交通工具。考虑到建设成本，其价格也在合理区间。众多的高铁当中，如果要举出最具工程成就、同时环境影响又最低的那条铁路，长达 818 公里的郑万铁路（河南郑州—重庆万州）当之无愧。因为这条铁路的连接，看似远在天边的巫山县和重庆市区之间的通行距离缩短到了两小时之内。

菜园坝站驶出的最后一列绿皮火车，正好被先进的郑万铁路线所取代——如此情景实在奇妙，仿佛就像命中注定一般。有了郑万铁路，云阳、奉节和巫山等三峡沿线县区终于和高铁相连。就在这条铁路的重庆段境内，矗立着足足 32 座桥梁，其总长度达到 10.8 公里。所涉隧道则有 27.5 条，总长度达到 169.7 公里——这意味着，通行郑万铁路重庆段的列车要像地铁一般，其 98% 的时间都要在地下度过。以上种种事实，实在震惊世界。要知道，三峡库区拥有超过 30 处自然保护区和生态公园，生态保护的难度可想而知。不过，有了巫山大宁河大桥这样的工程创举，整条铁路对于沿线生态的影响也惊人地降到了最低程度。大宁河大桥完全从空中跃过，丝毫不和下方的水面有所接触。此外，它最大程度地避开了生态敏感区。在高铁建设方面，中国可能只算一个后来者。可是，

第 2 章
交通：从深居内陆到国际交通枢纽

最后一班绿皮列车驶出菜园坝火车站（摄影：詹姆斯）

它也成功地后来居上。2022 年，中国境内运营的高铁里程达到 4.2 万公里。

近年来，重庆已经变身成为一座集空中、水路、公路和铁路等交通设施为一体的国际贸易特大城市。由于物流上的便利，重庆坐拥"水陆联运"的优势——也就是货物无需多程运输，可以在重庆完成多种运输方式之间的无缝连接。例如，来自日本与韩国的高技术产品可以通过长江的黄金水道直达重庆果园港等内河港口，而后集装箱可以直接从货船登上大卡车或火车

91

果园港已成为重庆长江和铁路运输的主要连接港（摄影：熊力）

车厢。其后，大卡车或货运列车可以直抵南中国海海滨的钦州港，并从那里走向全球任何一个地方。

作为另外一种选择，渝新欧铁路运输线也能携带货物前往德国杜伊斯堡，所需时间不过两个星期。到了德国，货品可以再行分配至最终目的地。我曾经前往跨欧亚大陆铁路桥的起点之一——团结村站进行采访，并和一位负责货运列车驾驶的司机进行了对话。他叫彭彤（音）。根据他的介绍，我了解到一个有趣的事实：在这趟跨越欧亚的列车之旅中，并非仅仅依靠一位司机全程跟车。他们就像参与接力赛一般，各自负责一段路程。团结村站位于重庆大学城的西永地区。欧洲圣诞节所需的各类货品，就有不少发自这个小小的地区——这个事实，给我当天的拍摄任务带来了一些暖心的基

第 2 章
交通：从深居内陆到国际交通枢纽

调。相对传统亚欧海运，渝新欧铁路不但在时间上优势明显，成本也会大大降低。唯一的不利之处，在于许多列车返程之时那空空如也的车厢。如今的成渝地区拥有良好的地理与物流优势，位居欧亚大陆通路的重要节点之上。欣欣向荣的成渝经济圈也将在不久之后，跻身于京津冀、长三角和珠三角等沿海经济重镇一样的发达地区之列。

我有幸坐在中欧班列的驾驶舱里，和驾驶过第一班列车的司机交谈（图片提供：詹姆斯）

93

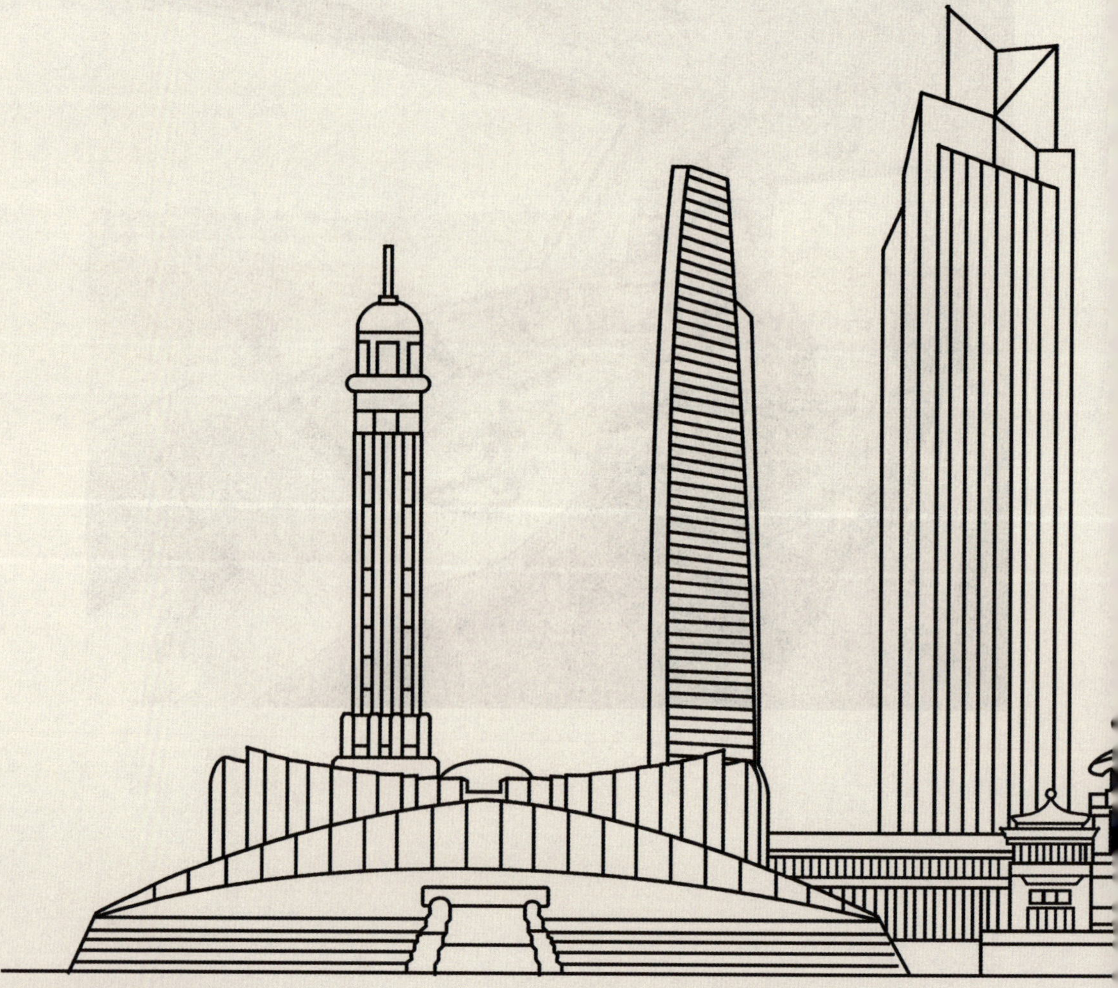

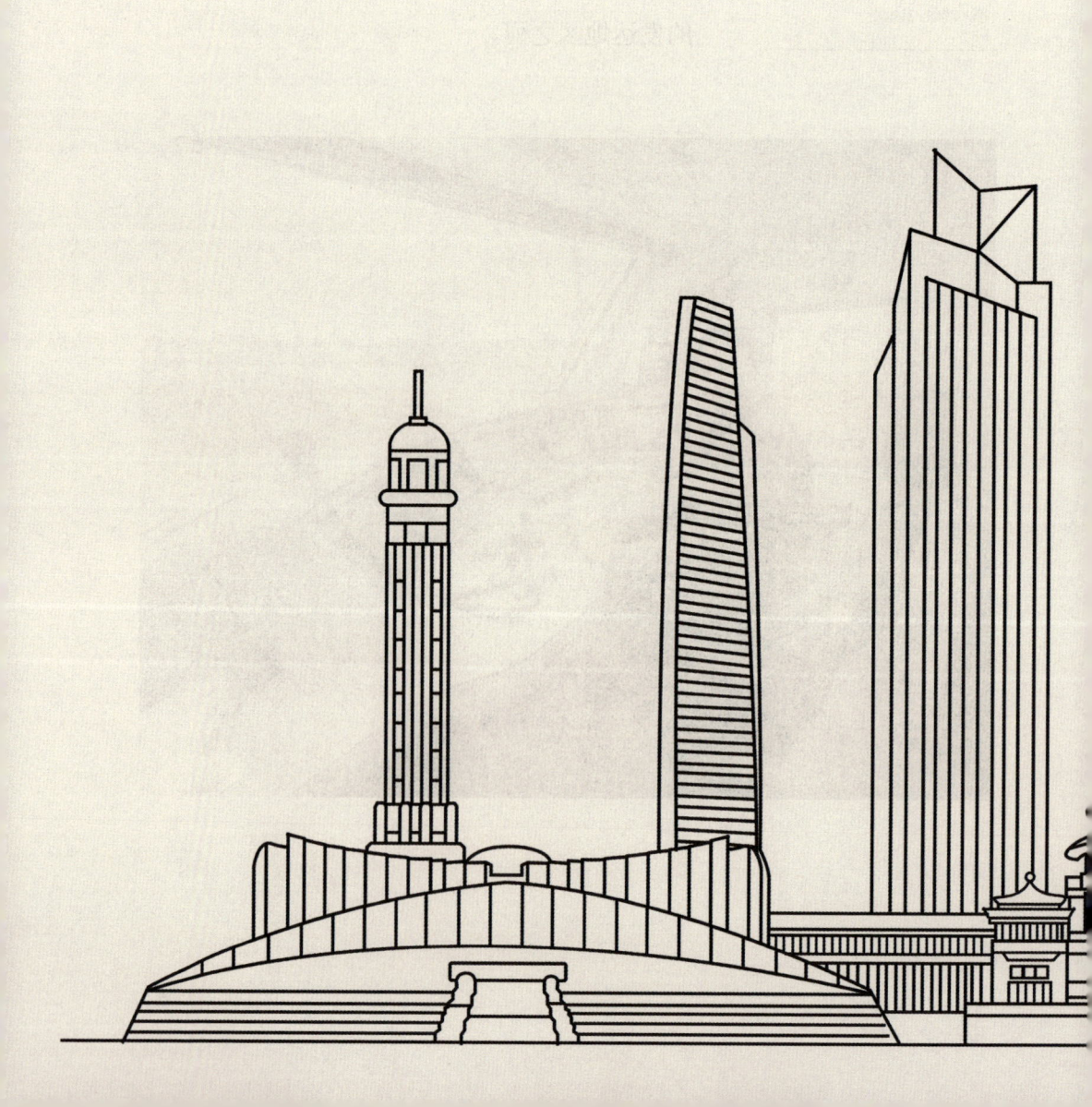

第3章 产业：从劳动密集型经济向高新时代的转变

亲历衣食住行的变化

2003年，我刚从英国来中国时，并没有察觉到什么技术飞跃的先兆。面对已经在西方渐渐深入生活的种种创新和便利，中国社会倒显得有些滞后。表面上看，这种现象与就业需要有关，大量的劳动力可以弥补效率的低下。当时，正有大量人口自农村前往城市。他们都被技术进步抛在了时代身后，技术带来的种种利益自然也与之无关。当时的中国在高科技产品的生产上远远不及西方。相较国货，那个年代的中国人觉得西方产品在质量上更加优越。为了买到这些进口产品，他们必须付出昂贵的金钱代价。

与现在相比，21世纪初的英国（也就是我即将大学毕业那一阵）的高科技萌芽同样有些不够成熟。我还记得，就在世纪之交前几年的一堂中学法语课上，我和我的同学们才从教室窗外经过的一位同学手里初次发现了"移动电话"这个东西——这玩意儿看起来相当粗笨，就贴在那位同学脸庞的一边。当时，还是我们的老师发出了第一声惊叹。大家无不觉得：那位同学拿着手机招摇过市的行为，只是想要炫耀一下象征着下一代社交的通讯工具而已。

回想一下那个年代吧。一台私家车但凡配有内嵌的卡式磁带或者CD播放器，以及无需手动摇上摇下的中央门锁和电子车窗，大概已经算得上一种"尖端产品"了。那时候的电视机还是一种硕大无比的东西，总在每家每户的墙壁旁边占据大量的空间。要想操纵这种机器，还得用上有线遥控器。如今已被淘汰的照相机在那时还在使用传统的胶卷——对了，胶卷这个东西可是坚挺了不短的时间。2003年，我去海螺沟冰川公园游历一趟并返回成都之后，还在当地发现了异常活跃的胶卷洗印市场。

第 3 章
产业：从劳动密集型经济向高新时代的转变

那时，我在海螺沟足足花去了好几个胶卷。无处不在的"柯达"网点个个拥有大型的洗印设施，能把这些胶卷变成照片。我还注意到，当时的中国人大多依赖固定电话完成通信。这一点又跟英国别无二致。电话资费越高，通话时间也就越短。住所临近的人往往更喜欢亲自登门拜访，而不是用通信工具互诉衷肠。那个时候，拨号上网的技术尚未得到全面完善。我选择在网上预订了一张从希思罗机场前往上海浦东的机票，已经算得上大胆之举。我第一次走出菜园坝火车站准备开始重庆的新生活的时候，跟接待我的中方人员也是通过电子邮件发送的扫描照片确认彼此身份的。

初到重庆的我，发现此地的技术水平跟英

菜园坝火车站是我踏足重庆的第一个地方（摄影：詹姆斯）

国大致处于同一水平。唯一的区别在于：这里的人们拥抱新兴技术的时候似乎更加不情不愿。在中国，虽然人均收入水平远远低于西方，高科技产品的销售价格却又和西方不相上下。人民币当时也在汇率交换中处于弱势地位。那时的我月薪约为3500元人民币，按照那个年代的汇率只有200英镑不到——如此"高薪"，曾在英国的同学朋友中引发了好一阵恐慌效应。不过，当时重庆市的高级教师每个月的收入也不过如此。我的月薪更是等于未来的岳父母与小姨子3个人月度收入的总和。客观而言，这里的消费水平也很低。一顿西式餐饮只会花去30到40元人民币（而且已经算得上高档消费了）。我的太太毕业于重庆大学，每月的花销仅仅只有500元人民币。当然，她的学生宿舍称得上破破烂烂，而且每晚还要拉闸限电。可能正是因为这些原因，太太才愿意收拾好所有行李，搬来和我住在一起——其实，当时她对我这个英国青年并不特别了解。那个年代，中外联姻实属罕见。不过眼见她住进我这个相对舒适的环境，自己也觉得有些欣慰。

我第一次购入的高科技产品是一台诺基亚手机——按照今天的标准，它相当过时，就是一个普普通通、配有按键式输入键盘的翻盖手机。可是尽管如此，这个手机足足花去了我3000元人民币，在当时的重庆算得上一笔巨款。我愿意如此破费，主要来自学习汉语的动力。我打算利用手写笔与一个字典应用程序，在手机的黑白屏幕上练习书写那些并不熟悉的汉字。相较基于偏旁部首和笔画数对于汉字进行编排的纸质字典，电子字典的应用程序实在省时很多。在如此新兴设备的武装下，我又利用汇率优势从自己的英国账户中提取了一笔款项，购置了一台DVD机——主要用来播放各种华语流行音乐碟，并借助字幕一个个地学习汉字。勤奋地学习最终在几个月内给了我回报。在此期间，我逐渐对卡拉OK之中的歌词和中文短信的内容有了准确地把握。

顺便说一句，自我初到重庆以来，当地历经的一大变迁就在于知识

第 3 章
产业：从劳动密集型经济向高新时代的转变

产权的逐步实施保护。2003年，重庆大街小巷的店铺和商贩都在公开兜售盗版DVD光碟，内容既有最新的好莱坞商业大片，也包括英语电视剧，好些影片是在影院直接盗录，每张光碟的售价也在10元人民币以下。不过，随着稽查活动愈加频繁，店家再也不敢把盗版的电影光碟和音乐专辑摆在最显眼的位置，而是撤进了相对隐秘的角落。后来，盗版交易的场所进一步转入密室之内。商业区的大型店铺渐渐不见了盗版制品的踪影，想要寻觅相关产物，只能前往一些背街小巷里的小店才行。终于，影音制品电子化时代的到来，让盗版光碟彻底成了历史。

曾经，对于我等新来重庆的外籍居民而言，每天徜徉在三峡广场、解放碑和杨家坪等商业区所遇到的一大"奇景"是许多店家门口那些负责招揽生意的年轻雇员。从白昼到夜晚，他们挥舞塑料"手板"、一刻不停制造着噪声，总在喋喋不休地向来往行人吹嘘自家产品的廉价和优质。这般现象，我在英国可是见所未见。有时候，店铺并不满足于真人揽客，甚至还用上了录音机——这些大喇叭播放着烦人的迪斯科音乐，强劲的节点里夹杂着求关注的话语，如此情形自然称得上嘈杂。换在一个宁静的英国小城，类似的现象只会招来劈头盖脸的激烈投诉。可是到了中国，它们仿佛只是日常生活必不可少的背景，无人对此特别关心。这个普遍现象，倒也成了我乐趣的新来源。而且，我一直很好奇，为什么店家会雇请员工去实施一项看起来毫无效果的工作呢？后来，我方才明白：店家们得到了专门拨款。他们借此可以招聘更多员工，从而大大减少待业青年的数量。虽然受聘的年轻人并无相关技能，店家也不需要他们的服务。如今，类似的现象在重庆已经罕见。有组织的促销活动虽还存在，但喧闹的大喇叭早就没了用场，负责揽客的员工也不复前辈那般夸张和一惊一乍。这种促销工作为雇员带来的益处实在有限，也无助于他们事业的真正发展。不过，至少如今的促销活动安静了许多，各位顾客的耳膜也不再受苦了。

那个时候还有两个又可气又可笑的现象很是让人无奈。其一是某些商业中心那一套冗长又令人烦心的销售机制，其二则是只能用现金缴纳的"机场建设费"。

自开业以来，三峡广场正中央的那家购物中心一直屹立不倒。我采买衣裤等个人物品的时候常会造访此地。毕竟这里的货品较为齐全，打折也是常有之事，同时店员也算得上殷勤体贴。我每次进入购物中心，都会直奔最里面的超市，倘若稍有停留，一定会被热情的店员缠上并成为他们推销一切物品（包括厕纸、糖果和瓶装牛奶）的对象。我在渝留居的最初几年并不精通汉语，店员们的英语水平也很有限。互不理解的情况下，如此遭遇可让我相当心烦。我和店员的交流往往也以贻笑大方而收场。

待我下定了购买某件商品的决心，店员会立即掏出一个小而厚的册子，册子上附有白、黄、粉三种颜色的收据。册子最首页的白色纸条下，还夹着一层蓝色的复写纸。待到店员在纸上写好产品信息及相关价格，三种颜色的收据之上即会因为复写效果而出现同等的字样。而后，店员会陪同我在迷宫一般的商场内穿行，来到地处隐秘的服务台前。在这里，我需要缴纳货款，而后又是一系列冗长无端的程序：店员在各种收据上确认签字，并在上面一一盖好相关印章。直到三色收据各自交到顾客、商店和购物中心客服部的手中，一件货品才算真正得到了质量保证，可以随时诉诸售后程序。以上，便是我在购物中心采买物品的全过程，在一个外国人看来可谓极富形式主义色彩。其中种种无效步骤，都需要各位店员跑前跑后方能完成，反反复复、拖拖拉拉，先是叫我哭笑不得，久而久之便让人厌烦。特别是如果当天购买的物件是无关紧要的小东西，更是让人难以克制心中的不满。

第 3 章
产业：从劳动密集型经济向高新时代的转变

我在中国第一次搭乘国内航班时遭遇的"机场建设费"带来的烦恼，同样叫我难忘。2004年夏天，所有学生都已放暑假。我这个旅行爱好者搭乘火车到了贵阳，在市区简单游览一番后，我打算继续前往桂林，感受那里特有的喀斯特地貌与山水风景。当然，我不会错过阳朔这个背包客心中的圣城。那里的骑行和竹筏漂流一向是许多人的最爱（如今，只需几个小时的高铁路程便可在桂林与贵阳之间往返）。后来，我又搭乘大巴从南宁去了西南沿岸的北海。我先前在桂林落入骗局，不小心花了600元人民币买下了一张全无用处的所谓"旅游用券"（而且，我在南宁换乘大巴的时候还把"旅游用券"落在了车上）。在银滩度过的几个愉快夏夜，多多少少驱散了一点我心中的郁结。要想从内陆前往中国的热带岛屿省份——海南，一般要从广东省西南部的徐闻县出发。不过，那一次我们选择渡轮出行，从北海到海口，足足花去了12个小时。上岛之后，我们又登上大巴直奔三亚，此地几乎位于中国的最南端，也是许多游客心之向往所在。

过去20年来，我曾在中国境内游览多次。不过，第一次前往海南的经历让我对这个热带天堂一直热情高涨。后来我还去过那里许多次，寻遍了岛上的名胜和美景。每到冬天，海南可以满足我对阳光的渴望。我喜欢当地棕榈林立的大道，留恋在海中畅泳的感觉和椰子的新鲜味道。值得我一再前去的理由还有很多很多。对我而言，海南就是梦想成真的地方——在那里，我可以抽出一段时间，沉浸在优哉游哉的热带休闲氛围之中。如此的生活方式，许多英国人可是一辈子都求而不得。

第一次到海南，我便沉迷于天涯海角的美丽风光，又在南海之滨和小猴子们的嬉戏逗趣之中欢乐地消磨了不少时间。唯一的不爽来自英格兰队在2004年欧洲足球锦标赛上的失败。假期终归走到尽头，我也通过一家旅行社订到了回重庆的廉价航班。那时候，机票会被打印在一张巨大的纸张上面，纸张下面还会附带一堆收据和其他文件。可是，等到我们完成值机手续并准备进入安检区的时候，却被告知必须出示另外的纸质证明——证明我们已经缴纳了50元的机场建设费。登机时间近在眉睫，我们心急火燎地寻找着相关的柜台。还好，只在焦虑之中排了几分钟的队，我就完成了现金交付的过程。时间正好，我和旅伴恰好登上航班，最终顺利抵达重庆江北国际机场的一号航站楼——航站楼很是古旧，如今已经不再作为旅客出入航空港的关口。

那一次，我们的旅程结局还算圆满。不过我也听说了一些不幸的事件：好些旅客或是因为没有现金，或是不知道何处才有可以取钱的自动柜员机和售票台，或是由于不谙汉语无法沟通，最终活活被那繁琐的"缴费程序"耽搁了行程。好在许多年过去之后的今天，这令人讨厌的"机场建设费"不再单独计价，而是被算进机票总价一并交付。搭乘飞机过程之中的一大烦恼之源，总算画上了句号。

看病求医难，一度也是我的烦恼来源。还好，智能化的进步改变了中国的医疗行业，就如"技术带来便利"真正应验了一般。我在渝第一次求医的经历，发生在来到此地的两个月之内。那时，一位正在我供职的中学实习的大学生邀请我共进火锅。席间，主人一直热情友好地为我夹菜，因此我的碗里佳肴不断。不幸得很，我咬了一大口香菜猪肉丸子，方才发现这玩意儿还在外熟内生的状态。当时，我还对可能产生的后果毫无察觉，只是继续高高兴兴地享受筵席。直到晚上，生肉丸开始发威。我度过了一个无眠之夜，几乎整晚都在呕吐。几位学校同事护送我去了一家军队医院。在和平年代，军队医院也向社会大众提供服务。经医生细致认真地诊断，我被告知患上了急性肠胃炎，必须立即入院3日接受治疗。

那次急性肠胃炎的经历实在难受。不过，除此之外，求医治疗的过程倒还算得上顺利。我只管躺在病榻之上悔恨难过。至于住院就医程序，

第 3 章
产业：从劳动密集型经济向高新时代的转变

则只需要我的各位同事跑来跑去负责应付。谢天谢地，他们需要面对的艰辛和困难，接下来的好些年内我都毫无察觉。

最终，我出院回到了自己的宿舍。经过治疗，我总算可以吃下一些清粥小菜了。那次求医的费用叫我难以忘怀——足有好几千元之多。对此，校方非常友善地通过某种医疗保障体系进行了支付。那时，我才刚刚20出头，也许还没成熟到可以正确看待人生的程度。因此，我和那位无心造成了这场小小灾祸的年轻女士之间渐渐生出嫌隙，我俩之间的关系也因此宣告无疾而终。

几年之后，我妻子的几位亲属先后入院求医，这一次，轮到我来担任陪护的角色。由此，我领会了预约挂号、入院登记、计算药费、检查病情直至出院在内的一系列繁琐程序。其间，我必须奔波于一个个的窗口之间，一遍又一遍地忍受长长的队列，以及队列中间喧嚣不停、插队不断地汹涌人潮。请注意，这些窗口分布在医院的不同角落，彼此相距很远。我这个英国人的适应能力实在很差，始终不敢放弃耐心等待的排队礼仪。因此，一次次遭遇拥挤和混乱的经历，实在叫我心生恐惧。

正是出于这种恐惧，我一度下了决心：除非万不得已，绝对不去任何医院。如果病情比较紧急，就选择那些入院程序相对简单的小诊所。当然，待在家中自行康复、熬过那些季节性的小毛病也不失为一种解决方案。

其实，本世纪慢慢进入第三个十年之后，中国的医院已经悄悄地换了新颜，病人求医的体验由此也在短短数载之间经历了一场革命。当时，我正在为即将召开的2021年智博会准备视频报道资料，并因此对医院方面的最新进步有了深刻印象：过去那些繁琐得让人心烦的求诊程序，如今已被一系列以电子设备为基础的自助模式所取代。患者只需动动手机或者其他智能设备，便可以享受高质量的医疗服务。

过去几年，我一直对重庆的医疗行业保持着密切关注。由此我了解

103

到：由于远程互联网诊断的普及，现场就医的需求已然大大减少。如果小诊所和社区医院工作人员负担过重，或是患者需要专家意见、数据和扫描影像的时候，互联网可以发挥其功能，而患者也不必带着相关医学资料亲自去大医院跑一趟。我去过一次某大型医院的手术室，发现那里的医生正忙着研究某位远在他方的病人的情况。通过网络，他们可以进行一对一的诊断，或者利用大屏幕与世界各地的同行召开会议，互通有无。

迄今为止，中国医疗行业的信息化程度给我留下的最深刻印象在于医院候诊大厅设有的各种智能设备。一位工作人员通过演示证明：病人可以利用这些装备完成必要的求诊手续，而不需要像以往那般在不同窗口之间奔波。装备可以读取中国居民身份证上的个人信息并由此完成个人挂号程序。至于费用，则可以通过终端进行预付。患者只需将银行卡插入终端即可付费，也可以利用移动支付完成缴款，所有程序都能在一台机器上完成。任何科室的任何医疗项目，也都能通过终端进行预订。至于相关结果，患者可以利用终端查询。程序给予用户的方便之处还有很多——比如根据患者完成的项目进行逐项计费，以及提供关于医疗用品及其生产商的详细介绍，其中还包括准确的价格。还有一些终端和机器则具备其他便利功能，如为患者提供药品袋、打印 CT 或 MRI 影像结果（只需患者扫描二维码）。如今，我仍然恪守"轻易不入医院"的原则，但是我也得承认：中国的医疗产业大力采用智能技术，最终摆脱了效率低下的旧时医疗模式，并在短短几年之内转型进入具备尖端科技和注重用户体验的先进行列。

我刚到中国的前十年之内，纸质票据（比如机票）还相当普遍。在那个时候，购买机票最为便利的方式仍是向票务代理求助——他们的工作设备往往就是一张办公桌，外加一台连上打印机的电脑。我只需付出一点点的服务费，深得我信任的代理便可找到最优惠的折扣机票。如果

第 3 章
产业：从劳动密集型经济向高新时代的转变

订购国际航班，代理往往也可以在我缴清现金过后的几个小时拿到机票。当时的服务还算便利，不过还是难以和今天相比。如今，手机应用程序提供的是一条龙式的购票服务。我可以在付款之后立即通过手机确保行程无忧。相形之下，老一套的购票模式还需要我亲自上门取票，如果那张薄薄的纸质票据出现破损，想要替换可又是一件麻烦事情。

同样的革命性转变也体现在中国的火车票之上。我还记得，自己第一次搭乘列车从上海赶到重庆，用的就是一张红色的纸质车票，上面没有任何个人信息。如此一来，乘客必须要像鹰隼一样死死抠住自己那张车票。一旦遗失，想要再补可是难于上青天。我初次体验软卧列车的时候，乘务员还用一张小小的金属牌换走了我的车票。金属牌，我一直保留到了目的地。最后，乘务员找到我，并从自己的皮包里"变"回了那张车票，我则把金属牌还了回去。我发现，乘务员的皮包里有着不少小口袋，每个口袋对应着相应的床位，而金属牌上也有相关的床位信息。

如果想在非高峰期买到车票，火车站里的售票处是个还算靠谱的选择。可是，旅客在火车站售票处很难买到跨省的回程车票，而且这种困难常常发生。这种不便，如今也得到了解决。除却火车站售票处，城里还遍布着不少车票代理机构。机构规模都不大，往往小得只能占据一扇临街的窗户。他们收费低廉，还可以现场打印车票，常常能够帮助我等旅客省下一大截前往火车站的路程。

后来，相关的票务政策出现了重大变化——新规要求，车票必须附上购票者的姓名及身份证号（出于安全考虑，身份证中间的数字由星号代替）。总体而言，新规受到了群众的欢迎，不但有效遏制了假票的蔓延，票贩子也得到了有力的打击——这些票贩子总在恰当的时机大量囤积热门路线的车票，并在关键时刻将其高价兜售给绝望的乘客们。有一次，我和同伴急于从西安赶回重庆，参与一场高水平汉语等级考试。可是，我们骇

105

然发现，火车站售票处的卧铺车票已然售罄，因此不得不和一个票贩子纠纠缠缠、讨价还价了好半天。生意敲定之后，我们又在炽热烦人的天气中等候了一个多小时，票贩子的同伙方才骑着自行车送来了两张无需实名登记的车票。最终，我们还是谈崩了。因为我要求对方一起去进站口扫描条形码以确保车票没问题，而对方却拒绝了。显然，他们出售的可能是假票。事到末了，我俩不得不付出一笔巨款打车去了西安机场，搭乘飞机回了重庆，机票可比火车票昂贵不少，好在也大大节省了时间。

如今，票贩子、假车票都已消失不见，就连那些合法的票务代理也没了生意。毕竟，现在已经是智能手机应用程序的时代。旅客若是不擅使用智能设备或者具备一定的怀旧情绪，那么仍在使用的纸质车票也可以满足他们的需求。但是，他们大可不必带上车票，每位中国公民人手一张的二代身份证就可以作为登车旅行的凭据。目前，拥有中国永久居留权的外籍人士也可以申领一张类似的证件。外籍旅客只需拿上证件并在相关的车站门口感应器上扫描一番，人脸识别技术便可确认当事人的身份，如此的科技进步，我在几年之前都完全无法想象得到。

欧亚大陆如此广袤，将我和英国那端的家人和朋友远远地分隔开来。当年，我们之间的日常联系仅限于电子邮件、邮寄包裹和著名的"刮刮卡"——也就是专用的国际长途电话用卡，尺寸和银行卡差不多。我每次来到广场与商业区，或是从报刊亭旁边经过，都会发现一群中老年妇女。她们蹲守在木凳子上一动不动，怀里揣着塞满刮刮卡的皮夹子。她们购入这些卡片的价格，对我来说一直是个谜。不过，我砍价的技术不怎么样，只能拿到每张25元的卖价。这个价格还算公道，反正接通运营商号码过后，每张刮刮卡可以保证一个小时的通话时间，当然，用户还得想法刮开密码（通常是用一枚硬币）才能拨打国际长途。

时光流转，谢天谢地，如此不便又昂贵的"刮刮卡"还是退出了历

第 3 章
产业：从劳动密集型经济向高新时代的转变

史舞台，被 MSN Messenger 一类的电脑软件取而代之。而后，Skype 和"脸书"又占据了 MSN 的地位。在中国大部分地区，微信一类的手机程序也取代了 QQ，成为旅外华人和国内亲友联系的主要形式。很幸运，这些软件都是免费的。

过去 10 余年，中国社会渐渐迈入高科技时代。在此之前，这一进程恐怕没人能够想象得到。这个国家曾经依赖密集的人力资源开展服务产业，现在转而依托各种移动终端软件。这一转变是如此顺利而隐秘，而且囊括了社会生活的方方面面，没人知道这场智慧革命爆发的准确时间。不过，我倒还深刻记得那么几次个人经历，堪为纪念这场变革的"里程碑"。

于我而言，最重要的一处里程碑在于 2015 年。仿佛在一夜之间，我就被从现金时代拉进了电子支付的世界。介绍人乃是一位热爱咖啡的英国同胞。他向我提及了一个深受欢迎的中国社交软件。据称，软件拥有移动支付功能。此前，移动支付这种想法从未真正进入过我的认知范畴。眼见自己的第一笔移动支付进行得如此顺畅无碍，我甚至有了一丝恐惧感。而后我更是愕然发现，这股风潮早在 2013 年便已悄然出现，并席卷了我周边的消费世界。

自从成为一名职业记者以来，我几乎所有时间都生活在重庆。每一年回归故乡的假期行程，以及我成为人父的经历，还有时不时的旅游经历，都不足以让我了解中国以外世界各地技术进步的历程。因此，为了避免一再提及各位海外读者可能已经非常熟悉的那些细节，我打算以简洁的事例，记录中国实现技术进步的种种实践。

我是个行遍重庆的资深司机，自然，缴付停车费这种日常活动成了我观察智慧革命及其便利性的重要途径。短短一年不到，市内各地的停车场就完成了通过人力收取现金到利用车牌识别技术和移动支付软件的转变。那种依靠从机器中提取磁卡出入停车场的时代，由此一去不返了。

对我来说，这种转变感觉起来颇为自然。这种感觉，可能与我早在此前的一两年就从《中国新闻周刊》这份杂志上读到过这项新兴科技的介绍有关。不过，那时的我只觉得相关技术还是遥不可及。当然，我这个长居重庆的英国人为何会养成阅读这样一份中文杂志的习惯，可能会引起某些普通话学习者的兴趣。我也不妨讲上一讲。

2020年初，我在硅谷一个叫"普通话角"的网络频道上初次亮相。80分钟的中文采访里，我分享了自己在重庆的生活经历。很快，我成了旅渝外国人当中的一张熟脸，好些来华留学的海外学子对我在重庆的生活经历尤其兴趣盎然。这些年轻人大有志向，想在中国精进自己的学业——仅仅数年之前，中国还是一个学生的"出口大户"。如今形势已然大为转变。我不止一次在重庆和外地遇到相关的学子，被他们打听我在选取汉语学习材料方面的心得和经验。下面，我也想就此问题分享一二。

简而言之，我的汉语学习经验始于一本平平无奇、有些枯燥的教科书——还是在那为期3周的上海学习期间收到的。同时，我常常使用一本颇有人气的旅游手册——为了学好其中的汉语发音，我采用了不少笨办法。来到重庆之后，我买了一本双语词典，只为通过鲜活的句子记住更多简单的汉字。后来，我在返回英国的途中购入了更为高阶的书籍——其中的两本关乎习语和多音字。对当时处于初学阶段的我来说，它们很是常用却又难以掌握。不过，我仍然被带着卡拉OK式字幕的中国流行音乐碟片点燃了学习热情。大山在中央电视台上主持的"学汉语"节目让我获益不少，一字一句地聆听好莱坞电影的中文配音版也是我重要的学习方式。

提到学习汉语，我的一大幸运乃是发现一本叫作《疯狂英语》的双语杂志。这本杂志在中国学生之中相当流行，是他们学习英语的重要工

第 3 章
产业：从劳动密集型经济向高新时代的转变

具。其内容包括不少英语文章。这些文章的中文译本会被一并附上作为参照，译文质量也属上乘。无论读者是想借此资料学习汉语或英语，都能通过其后的单词表获益不浅。反正，《疯狂英语》就是我每月必买的一份杂志，是我对照文本学习汉语的途径——诚然，这种途径有些费时费力，但已经算得上最为有效的方法。同时，我还有电子词典的帮助，而且可以在大声朗读文段的时候请汉语母语人士聆听与纠正。我就这样努力地学习汉语，持续了好几年的工夫。后来，我的水平已经提高到了无需参照英语原文就能理解译文的程度。此时，我开始挑战更为艰深的学习资料——一份名为《中国新闻周刊》的杂志。杂志内容涵盖万象，囊括了国内外的许多深度议题。再到后来，我购入了一批西方经典小说的中文译本，一方面继续提高汉语水平，一方面也在紧跟英语文学的最新发展。这大概也算一种补课吧。在此之前的十几年间，我曾对类似的文化体验嗤之以鼻。相形之下，我更喜欢外出交友游玩、体验最新游戏、追捧体育明星和其他的流行玩意儿。总之，为了学习汉语，我用上了一切可能的资源，同时也有身在中国的便利。数年以来，我在语言学习中经历了无数的错误和挫折，当然也形成了越挫越勇的毅力。日积月累之下，我总算有了理解绝大多数日常汉语对话的能力，并且能用普通话流利地表达自己——当然，我还是改不了自己浓重的英国口音。

就这样，我在一个下午翻看了《中国新闻周刊》，发现移动支付停车费正是当时的热门话题。那个时候，停车场的自动化管理技术还显得如此的科幻。理论上说，这样的技术想要真正变为现实，似乎只有留待未来的某一天。不过，仅仅就在一两年内，相关技术便已落地生根。人类曾和网络平台短暂地"共管"了那么一段时间。随后，大家就发现停车场里那些有人值守的岗亭全都没了踪影。一切来得如此之快，似乎只在一夜之间。

对于我这样留居中国的外籍永久居民来说，更新证件乃是一个每隔几年便会出现一次的问题，让我和家人在申领的时候倍感麻烦。近来，我和家人分别申领英国、中国护照的经历表明，两国相关机构的办事效率已然出现相当的落差。落后的那一方看来应该奋起直追了。

在华的外国人若想申领或更新居留资格，需要前往所在城市负责移民事务的特定地点。相形之下，本国居民办理护照的去处要多得多，每个区县都有自己的出入境办事机构可供他们选择——我和家人最近去过一次类似的机构，距离我们的住所只有几公里之远。一次，我看到一位年轻女孩正在申领自己的第一本中国护照，她妈妈拿着身份证及户口本陪同在旁。费用不到200元人民币，除了支付环节，其余全程都在自动柜员机上完成。机器旁边守着一位工作人员，以便解决任何可能出现的问题。申领人的母亲只需扫描一下身份证，就能把相关信息自动输入柜员机屏幕上的各种表格里——要知道，我申领英国护照的时候，还必须辛辛苦苦地在一张纸质文件上逐项填写类似的信息。我真的非常小心，一不注意，就可能因为填错字母或数字而必须从头来过。在这里，如果儿童没有办身份证，身份证号码会被记录在户口本上。这时只需要在触摸屏上简简单单地点击几下，便可输入自己的身份证号码。而后，申领人要在柜员机内嵌的摄像头跟前默默坐上几秒，留下一张证件照。她申领护照的全过程只有十分钟不到。临到末了，申领人会得到一份通知，告诉取证的具体时间，届时，证件可以通过在自动柜员机上输入相应的号码而轻松取回。

相关的经历，我还有那么一次。当时，我和妻子正急着从海南岛自驾赶上汽车轮渡。由于太过匆忙，那位友善但是有点懵懂的轮渡工作人员在递还相关文件的时候，不慎遗失了妻子的身份证。待到我俩回过神来，早已错过找回证件的时机。还好，补办身份证也不是什么大不了的程序。由于人脸识别技术的便捷和工本费用的低廉，我甚至不用专门停车等待，就又可以继续上路了。

我持有中国的"外国人永久居留证"，并因此获得了不少便利。搭乘列车出行和入住酒店的时候，相关的便利尤其明显。2017年之前，中国版的"绿卡"虽也是大家向往的居留权利，但究其本身，不过是一张附有照片的纸质身份证明而已。不过，目前的第二代"绿卡"采用了居民身份证同样的技术，同时面向中国公民和外国人。持有者的信息会被录入全国性的数据库，公共服务的提供方可以随时进行查证。只需将"绿卡"放上读卡器，便可自动在屏幕上完成信息填充。速度之快，犹如魔术一般。以往那种令人烦恼的填表过程就此得以避免，口头交流可能造成的错误也都不复存在。而且，"绿卡"的做工实在过硬，无论是水浸、热烘，还是X光照射、重物碾压或者长时间手机辐射，都不能让其中的磁卡失灵。

如上的种种科技进步，已经极大地降低了办事过程中人与人交流互动的机率。随着"渝快办"的上线，前往政府部门办理事务的程序也得以大大简化。以往，人们需要奔波在市区不同地点、往返于政府各部门之间，还得和其他不堪其烦的人一起排队苦苦等待。相关的苦楚随着"渝快办"的上线而成为过去。"渝快办"——三个汉字分别代表了"重庆""快速"与"办理"，同时也和"愉快办事"谐音——涵盖的服务种类广泛。各位市民甚至无需离家，便可以舒舒服服地通过移动终端完成办事过程。即便需要造访政府部门，程序也会相当简便。

"渝快办"平台于2018年11月正式上线，其服务内容同时面向自然人和企业，涵盖生活工作的方方面面——包括个人的工作、出生、收养子女、户籍登记和退休等，以及26项企业所需的成立、变更、产品检疫和法人注销等重点服务。

与此同时，重庆市政府部门还通过在线公布、电子资质证明和自动数据检验的方法，对近600项高频事务的办理进行了优化，大大降低了办事人提交纸质证明的频率。2020年，"成渝经济圈"作为"京津冀""长三角"和"珠三角"之后的区域经济概念而初次为人所知。四川与重庆的省际交流大为强化，数据共享与各种资质的互认也得以增加。随着智能关联和纠错算法得到采用，信息检索、引导和服务的准确性和反应时间都进一步有所发展。

"渝快办"随后又在如上服务的基础之上推出名为"渝悦生活"的社区服务，将住房、工作、旅游、娱乐和购物等日常生活内容涵盖在内，造福重庆市民的同时，也让在渝外国人受惠。"渝悦生活"的旅游专区会向大家推荐市内的各种文化遗址、都市旅游热点和乡村旅游路线。娱乐专区则会提供体育场、山间健身步道、河滨公园、文化场所、温泉等地的信息。

在中国，智能技术造福的另一大领域在于物业管理。大多数英国家庭都居住在郊区的自建或半自建房屋中，而重庆的大部分人口则集中居住于由公寓楼与联排房屋组成的小区里。各个小区都要依靠物业公司为所辖范围内的居民提供服务并负责维修相关设施。如今，大多数小区物业都有相应的手机应用程序，保证居民可以远程办理大多数必要事宜——比如，某小区的住客可以通过电子邀请卡的形式让小区之外的客人自由出入自己所在的小区，从而免去被保安询问的烦恼。同时，业主能够利用手机应用程序预约开锁服务，也可以通过短信、相片或者音视频完成报修。中国引入新技术的速度实在惊人。相比起来，我在英国的前20年，新技术的发展只能用缓慢来形容。我初到重庆的那十年，中国在科技领域算是落后的一方，而这个国家早已后来居上，不但成为智能技术与制造的领导者，而且在应用推广方面也是无人能敌。

第 3 章
产业：从劳动密集型经济向高新时代的转变

近年来，重庆主城区的南部与西部已经悄然成为高科技产业的密集地域。所谓"悄然"，不但因为我此前对此所知不多，而且许多本地居民也是事后方晓。他们或是与我互动，或是通过新闻报道回溯了高科技产业在相关地域的发展。有趣的是，这些聚集了无数高科技产业的地区并不隶属于某个特定的行政单位，往往超出了界限的限制。可以说，无数人每天都可能与这些高科技孵化区擦身而过。虽然这些产业深刻地改变着每个人的生活，但大家又很容易忽略它们的存在。相关政策鼓励大公司和初创企业汇集于产业园区，共享经验与基础设施，营造出更好的创新氛围。

重庆市西南部的诸多区县能够吸引一大批高科技产业集中入驻，一大原因在于地形。地图可鉴，渝西诸区县位于广袤四川盆地的腹部，地势更为平坦。盆地四周都是曾经难以逾越的高山峻岭——这个地方常被本地人抱怨云雾笼罩，一年四季都难见日头。冬天来临之时，大家对热带阳光的渴望更是难耐。盆地腹部较为平坦的地带，正好位于重庆和成都这两座盆地内的经济重镇之间，构成了如今"成渝经济圈"的主干。相对于重庆市内的其他地域，渝西地区的基础建设也更为容易。自然地，此地对于高科技产业更具吸引力并由此成了经济发展的排头兵。诚然，渝西地区也以无数的旅游和文化资源著称——比如位于大足区的石刻群和万盛区的主题公园。但是相对而言，重庆东部和北部在传统意义上更为依仗农业与乡村旅游业，同时也以特色产品和自然遗产闻名。当然，如上的观点只是总体而论。实际上，随着经济多样化的浪潮席卷全市，重庆各地都可以发现高科技和旅游两大产业并行不悖的情况。

近来我关于高科技产业的一段重要记忆发生在九龙坡区——正好也是重庆高科技产业的集中地。市内的第一条自动驾驶公交路线就是在这里完成了试运行。运营路线呈简单的长方形，长度则有数公里。运行期间，一位司机始终坐在公交车的方向盘后面以备不时之需，诸位技术人员还会开着汽车一路随行。搭乘这样一辆具备前沿科技的车辆,其体验和我曾经尝试过的旧式大巴——就是那种一边制造噪声一边大冒黑烟,售票员还会从车窗里探出身子大吼大叫招揽乘客的大巴——截然不同。这次旅程的样子,也许就是不久的将来重庆公共交通的常见情形。同时,它同样体现了这座城市目前已有的现代化面貌。

那次试运营并不收取任何费用,只需扫描相关的二维码便可参与体验。扫描成功后,乘客需要给予运营方搜集数据与个人信息的权力。

我体验了第一辆在重庆试行的自动驾驶公交车服务(摄影:詹姆斯)

第 3 章
产业：从劳动密集型经济向高新时代的转变

而后，我亲眼见证了车门自动打开和关闭的情形，又看到巴士是如何在转弯处自动调整轮胎方向并毫不费力地走上相邻车道的全过程，那种感觉实在神奇。惊人之处不止于此，车上的显示器告诉了我们一个同样神奇的事实——自动驾驶汽车可以实时监控路况，清楚地反映来往车辆的行踪。这一切有赖于道路旁边关键节点的摄像头和探测仪。本人此前曾在机场见识过全自动的摆渡车，也到一些私人住宅小区里体会了自动巴士——说是巴士，其实非常迷你，外观也跟科幻电影里差不多的感觉。但是，九龙坡的这次经历于我而言就像一次预演，提前展现了智能系统在公共道路之上处理具体交通事务的真实样貌。迄今为止，重庆境内尚未出现任何与自动驾驶技术有关的事故。

半自动生产线乃是重庆各大工厂与生产基地着力发展的一大重点。比如，在铜梁区的一处制造智能门锁的工厂，不少重复性的装配任务以及长时间的耐久性测试都已交给机器人负责完成。人类员工的职能则是保证这些机器在运行时有足够的原材料，并在关键节点与任务结束之时进行质量控制。对了，智能门锁已成为重庆大多数居民住家的首要选择。回望当年，这种事情完全无法想象。那时人们不慎把自己锁在门外的情况可不少见，本人也不乏几次将钥匙塞进公寓门锁拔不出来的经历。换到现在，如此窘境完全可以通过在屏幕上输入密码或者按压指纹而轻松得到解决。只有遇到电量耗尽这样难得一见的场面，传统的钥匙才能派上用场。当然，在外存放一把备用门钥匙还是非常必要的。

我常在重庆各地来来去去，自然少不了体会智能技术渗透到汽车驾驶的方方面面。我相信终有一天，当完全无人辅助的 L5 级自动驾驶技术成熟时，自动驾驶车辆会被允许在公共道路上行驶。其实，如今已有很多智能驾驶功能被投入使用，它们也是许多爆炸性新闻的来源——好些新型汽车制造商会专门挑选某些行业人士作为试驾最新款式产品的人选。

这些人提供的使用反馈，就是车商最好的推广广告。有意思的是，只有待到新车辆售出的那一天，车主才会为其申请永久使用的汽车牌照。正式牌照往往要等待数日，在此之前，只有一张纸质的临时车牌放在汽车的挡风玻璃前。理论上讲，这个阶段的汽车即便遇上交通摄像头，也不会被拍摄到车牌。那些以追求刺激为能事的司机，可能会趁此机会猛踩油门。

也许，我这样的"传统司机"不一定能够接受自动驾驶技术的最新功能。可每个人都必须肯定一点：自动驾驶技术已然具备许多成熟的优点。在我们童年那个时候，这些优点完全无法想象——司机一旦落座，座椅便能根据姿势调整位置；后视镜与智能屏幕也可以随时处于最佳的观测状态；汽车的操作系统具备对话识别功能，它不但通晓多种语言，而且还不会被各式口音难倒。甚至，操作系统可以准确判断对话者所使用的指示代词到底所指何人——毕竟，司机和乘客都可能提出问题，或下达一系列的命令，比如调整车内温度、打开或者关闭天窗，或者直接指示汽车导航系统此次行程的目的地。我乘车的时候有个习惯——手肘架在窗框上，用指节撑住脑袋——如此姿势，常被汽车摄像头误会成正在抽烟。于是，它总会提醒智能系统自作主张地打开车内风扇同时拉下车窗。这种"趣事"实在常见。摄像头还会注意司机打呵欠的频率和眼睛移动的次数，由此判断其疲劳程度。待到适当的时候，汽车便会用语音提醒驾驶者进入服务站休息片刻。有时候，操作系统甚至会高声播送音乐或者施放冷气为您提神。过去的中国像是个新技术的后进生，人们会把进口货当作高端用品。可是，中国不但在高铁建设方面后来居上，在其他的新技术方面同样也没有仅仅扮演高速追赶的角色。相反，这个国家在短短的时间内达到国际水平，其后还继续高速前进，把其他竞争者甩进自己卷起的尘埃之中望而兴叹。智能汽车这个领域也不例外。无论其他国家与地区的进步程度如何，唯有中国以他人难及的速度引入这门技术，中国消费者也用惊人的态度予以接纳，就连基础设施建设也在系统性地铺开，从而快速跟上产业的进展。

21世纪初，重庆城区各地都不乏重工业痕迹。由此而生的污染实在可观。市内的高楼大厦上面，都留下了黑色的斑斑点点，色调显得如此灰暗。当时的空气质量实在一言难尽，我很难准确形容那种不舒适的感觉——反正一出门，每一口呼吸都因为烟尘而有些沉重，由此诱发的炎症给气管带来的戕害就更不用提了。一整天下来，大家的口腔内、痰液中与鼻窦里的那种独有的污浊味道都是久久难散。到了晚上，总有机会看见汽车车头灯与城市霓虹射出的一道道光亮是如何刺破污染的雾霾。如果此时的你身处交通要道之类的污染重点地，请一定记得调整呼吸——慢一点、浅一点，尽快进入室内——至少在室内，空调可以在一定程度上降低污染。假如忘记关闭窗户，一定就会有大量的烟尘侵入公寓里面。此前，学校为了预防可能出现的不测事件，特意在我们公寓的窗上安装了一道道栅栏。每一天黄昏时刻，我都能在它们的身上发现一层厚厚的黑灰。对于那些公寓正对马路的同事而言，蒙受的黑灰之灾尤其严重。

有时候，严重的污染会和糟糕的天气双双发难，整个重庆由此会被笼进浓厚的雾罩之中。身处两江之上的桥梁或是高楼大厦的楼顶和观景台所在的山巅，这种浓雾漫城的景色尤为明显。如此的景色，也让重庆长期背负着"雾都"的名声，本地的一出电视节目《雾都夜话》也是因此得名。节目的制作成本很低，主题和蓝领工人阶层的艰辛生活有关。破破烂烂的城市样貌，作为节目里的故事背景也是时时可见。一周的大多数时候，《雾都夜话》都会通过中国各地的省级电视台与观众见面。

21世纪的前十年，重庆的日常生活一直如此。不过，重庆市政府也有改善环境的雄心壮志。政府旨在建设高质量的生活环境，努力为居民提供一切可能的公共便利和实用设施。城市道路之上，不会再有源源不断的交通堵塞汇聚而成的车海。曾经的水泥森林被崭新的山地公园和林荫大道取代，变成了让人心旷神怡的都市空间；一度困扰这个城市的犯罪团伙遭到彻底荡涤，他们造成的那些污迹——小偷小摸、勒索敲诈，以及不良场所也随之消失不见。最后，公园与步道已然形成整体，公共空间里摆放了免费的全民健身器材。重庆各区县都建有大型体育场馆，居民们可以自由出入这些场地，参加羽毛球、乒乓球和篮球等体育锻炼活动。同时，许多国际赛事也将选重庆作为举办地，不少区县的马拉松比赛十分火热。彭水县乌江的一带碧水以及开州汉丰湖（此湖因为三峡工程蓄水而形成）则成了摩托艇竞技的胜地。重庆作为健康都市的声誉由此进一步得到传扬。

风景如画的汉丰湖衬托着开县古城（图片提供：视觉中国）

第 3 章
产业：从劳动密集型经济向高新时代的转变

读者们可能会很好奇：既然那些年重庆的环境并不如意，为什么我却愿意一直坚守此地呢？要知道，当时重庆的城市建设正处于对人民生活最具破坏性的阶段，污染令人窒息，交通也十分不便。对此我的回答是——我结婚了，这是最关键的原因。而且，能够见证重庆日复一日的快速变化也让我兴奋不已。其间，我对重庆各地温泉的热爱之情愈发高涨，并一直保持至今。丰富多彩的辣味菜肴于我总是魅力无限，重庆人热情好客，如此的待客传统可以追溯到清代"湖广填四川"的那个时期。尚还只有20出头的我来到重庆，既见识了种种的负面现象，也看见无数正面发展的例证。好与坏交织之间，我始终坚信：这座城市一定能够实现自己规划的现代化宏图。

重庆的天然温泉资源丰富，巴南区东温泉就是其中之一（摄影：王金城）

雄奇山城
一个外国人亲历的新重庆

当时的公众心中倒是存在一丝疑虑，他们担心有关部门制定的未来规划并不一定能够成真。不过，随着各项城建工程神速进展，以及建设方克服各种艰难险阻的坚定决心证明了一点：早在那时，重庆就已经立下了要在这座人口众多的大都市建成20多条地铁路线的誓言，在不久的将来，重庆人将会梦想成真。

重庆巴滨路全长18公里，沿着长江南岸延伸。路旁的林木郁郁葱葱，几乎都是橡树一般的昂贵品种。正是在搭乘公交走在这条道路的一次旅程之中，我与一位当地人有过一次难以忘怀的交谈。这段经历足以证明，随着重庆成为中国经济的一支重要力量，这座城市曾有的落后面貌将一扫而空，变得如此令人惊叹。同时，生态保护与乡村振兴也和经济一样齐头并进，保证

重庆巴滨路全长18公里，沿着长江南岸延伸（摄影：熊力）

第 3 章
产业：从劳动密集型经济向高新时代的转变

发展不会遗漏重庆的任何一个角落。按照与我交谈的这位先生的说法，许多年来，他周遭的许多人都不相信重庆能取得当时的成绩——毕竟，这里的起点并不算高。事实证明，这趟复兴旅程已然宣告成功。如今每个人都期待重庆成为中国最具开拓性、交通方面最为便捷的城市之一，成为中国境内民生、商业与旅游方面的典范区域。

高质量发展

环境问题也是重庆高科技产业崛起的背景原因之一。这座城市的空气一度深受境内重工业设施排放的有毒烟尘所扰，重庆的大小河川也曾是倾倒大量化学物质的渠道。沙坪坝区的某家油漆工厂就是这样一处污染源。它曾向重庆周边区县的商家提供原料，每一次送货都需要出动大卡车。我和妻子有多次机会搭乘顺风车，来往于主城和合川之间。久而久之，我对卡车的路程变得愈发熟悉起来——当然，我还是得小心谨慎，不透露任何关于工厂的信息。我只记得，每一次出发的时间都不大固定，以及卡车满载油漆、在前往渝北区的蜿蜒山路上缓慢前进的样子。如今，那家工厂已被完全拆除。厂址之上建起了生态修复工程，弥补当地环境曾经遭受的戕害。主城区范围内的其他重点污染企业也落得了这家油漆厂一样的命运——要么就迁往远离居民区的新址并接受严格的排污限制，要么干脆关门了事。

制造污染的重工业不见了，取而代之的是一批新兴产业，正是它们重塑了这座城市的未来。这批高科技产业与制造商来自国内外多地，经过引荐，集中在各个经过特别规划的产业园区。重庆给出的优惠政策与全新的基础建设成就，也是这些世界领先的企业与人才来渝投资兴业的

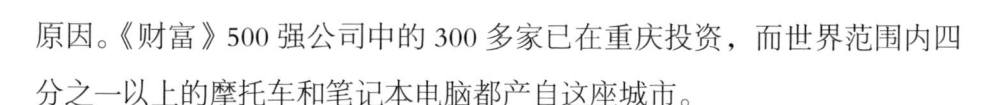

原因。《财富》500 强公司中的 300 多家已在重庆投资，而世界范围内四分之一以上的摩托车和笔记本电脑都产自这座城市。

重庆不仅在吸引那些家喻户晓的大公司，这里优良的营商环境也促生了无数优质的初创企业。仅在过去几年内，这些企业所取得的进步足以令人印象深刻。自 2020 年初以来，新兴技术对于日常生活的关键影响愈发突出。我多次造访两江新区境内的高科技企业，由此而来的经历告诉我一个事实：大型龙头企业的过往成就不再是经济持续发展与创新的唯一源泉，初创科技企业同样重要。

我参观的许多企业成立时间不过 5 年，但它们的产品却已经大规模投入运用。其中包括智能型的互动机器人——它们可以在火车站这样的公共场所发挥效能：为旅客提供相关信息。旅客只需说出问题，它们就能作出正确解答，而且问题涉及的领域涵盖广泛。

此外，带有人脸识别技术与生物体征检测功能的摄像头，以及能够在医院和办公楼的空间内自动绘制路线的紫外线消毒机同样属于前沿科技的造物。相关的代表产物还包括一些全新的手机应用程序。它们能够接听和处理个人或特定客户打来的紧急医疗求助电话，随后及时联系医疗人员利用可视电话下达诊断，并派遣救护团队前往客户所在地点实施救治，保障对方生命安全与健康。某些读者可能担心由此而生的隐私以及其他法律方面的问题，不过，我在此主要强调重庆在高科技方面已有的成熟商业环境，以及新公司将会因此聚集于此的前景。

重庆一方面努力吸引知名公司来渝兴业，一方面也鼓励初创企业的发展。这既要求产业链上下游的聚集，也和金融政策的支持、管理流程的精简、人才的引进与市场准入机制密不可分。良好的生态环境与完备的公共设施同样有着重大意义，毕竟，工作人员在追求事业上的成功之余，同样需要追求高质量的生活方式。

第 3 章
产业：从劳动密集型经济向高新时代的转变

表面上看，重庆将隶属同一产业阵营的各大公司集中在一个园区里（有些园区面积广阔，几乎达到了城镇的规模）的做法有些不合情理。但到了实践层面，这种新颖的做法带来了良好的引导氛围，同行之间可以互相促进，而量身定制的各类商业服务因此得到蓬勃发展。渐渐地，类似的产业园区在重庆各区县犹如雨后春笋一般遍布开来，足以证明相关政策的成功。

如果您驾驶汽车通过 G5021 高速穿越巴南区，稍加注意的话，一定会留意到木洞镇（此地距离长江仅有数公里）附近产业园区的盛况——完整的路政系统，低调且重要、色调几乎一致的企业总部，以及无数的居民区和配套基础设施，让此地成了无数人生活与工作的乐土。木洞的情况，代表了巴南境内产业园区的典型。"巴南"的"巴"字源自西周时期的诸侯国"巴国"（该诸侯国存在了近 800 年，后来在战国时代被秦国征服），该区境内的产业集群都以面积广阔著称。外来者如不知情，往往会把这些园区误认为是城镇。当然，眼尖的人会从园区内楼宇外墙上的汉字中发现端倪——道路两旁的大片建筑并非普通的城区，而是重庆国际生态城的一部分。

重庆国际生态城是全国第一个聚集大型生物制药公司的战略性新兴产业集群，是全球产业合作和医疗保健一体化发展的示范区，旨在建设全球产业合作的示范区域，同时整合健康行业的协同发展。它位于长江南岸，正和两江新区隔水相望。由于邻近主城，重庆国际生态城拥有交通方面的便捷，与江北国际机场、果园集装箱港及鱼嘴火车货运中心通过高速公路连接。如今的重庆拥有独一无二的综合交通体系，集水运、公路、铁路、航空与海运（通过铁路与南海边的钦州港紧密相连）五位于一体。

重庆国际生态城占地面积达到 35 平方公里，占据了明月山脉之间较为平坦的大片区域。这里是重庆主城范围内最适合建设与集中医药产业链的一处地域。来往客商会受邀前往园区内的"医药创新交换中心",我也曾访问过此地。在这里,我们仔细聆听了主人对于园区内产业布局、制造产品和经济模式的精彩规划。当然,所谓"全产业链集中一处"的概念也并不难懂。生态城不但为原材料储备与高科技工厂准备了必要库房,同样还引进了一批顶级院校入驻,旨在提供的服务包括生化药材方面的产品研究、发展、商业策略选择、中医药现代化以及前沿医疗器械的研发等。

随着"高质量发展"口号的提出,中国渐渐摆脱大规模生产低廉商品的时代,转型成为高端制造的全球领导者之一。正是为了响应这样的口号,同时也为了弥补重庆在创新方面的短板,九龙坡区高科技园区内的"西部科学城"应运而生。虽然科学城目前尚且处于婴儿期,但其前景令人振奋,它旨在成渝经济圈内发挥重要的引领作用,促进四川盆地的产业聚集与发展。

与此同时,新产业集中的另一大目标在于吸引和培育人才。"筑巢引凤"的政策正是面向这一目标而制定的。无数来自中国科学院与中国工程院等国内顶尖科研院所的专家教授因此聚集到了重庆。这里不但有着优良的居住环境,还能为高质量人才创造最好的试验场所、提供最优厚的薪资和工作条件,一切都朝着将西部科学城打造为另一个优势产业汇聚地,以实现高质量发展的目标。

过去20年来,重庆历经了技术方面的革命。日常的消费模式因此发生明显转变——消费者对于"中国制造"的质量有了更多的信心。我刚到重庆的那些年里,海外品牌才是"高端"的代名词——在手机领域尤其如此,那可是诺基亚与摩托罗拉等西方产品大行其道的年代。在汽车领域,当时的情况也是以外为尊。铃木这样的汽车制造商占据了市场优势,迄今为止,重庆大街小巷仍有大量价格低廉的手动挡铃木牌出租车。发源于20世纪的上海"大众桑塔纳"汽车同样盛行一时,今天的重庆街

第 3 章
产业：从劳动密集型经济向高新时代的转变

头，偶尔还能看见一辆这样的经典老款。

如今，中国国产制造商生产的手机与电脑已经能与外国同行竞争。实际上，中国品牌的性能与外观早已超过了不少外国同行，直接导致后者几乎退出中国市场。虽有一些海外品牌仍在中国保持强劲势头，但本土品牌占据了性价比优势，而且成功进军国际市场并有着优异表现。至少从我个人角度看，如此现象代表了中国消费者对于国产品牌的信心。现在，外国产品已不再是高质量的代名词。

有趣的是，除了高科技领域以外，其他本土产业也开始占据主导地位，还在咖啡销售等日常消费领域与外国品牌展开竞争。同样的事情再一次发生了——中国产品虽在声誉与知名度方面一度处于落后状态，但是，通过仔细的钻研，又得到了国外鉴赏家的合作与帮助，国货已经大大地拉近了与外国竞争对手之间的距离。同时，中国品牌改进了商业模式，能用更为低廉的价格提供同样质量的产品。它们还开发出便于消费者使用的手机应用程序，从而成功地扩大了客户群体。

当然，中国消费者对于某一类国货的信心仍显不足——那就是婴儿奶粉。这个教训，还是我在重庆先后生育了两名子女后才发现的。奶粉并非什么高科技产物。但是中国国产奶粉时不时因为质量问题而登上媒体，闹得街知巷闻。内地居民前往港澳地区疯狂采购，几乎清空了两地的奶粉货架，随后又通过海关将大宗奶粉运进内地——如此的闹剧一度十分常见，其成因正和大家的信心有关。后来，港澳两地不得不出台规定限制奶粉的购买量。

多年来，第三方进口的奶粉制品也面临欺诈问题——比如，同一罐奶粉里，有问题的本地产品会和原装货掺在一起，不知情的消费者就这样稀里糊涂地被蒙在鼓里。当时为了解决这个问题，我倒是有点个人经验——直接从英国进货，而且要拜托那些信得过的人。每一次，都请他们从那边寄送六罐奶粉，运送周期大概会有两周（包括海关清关的时间）。

谢天谢地，中国的跨境电子商务历经了一场大改革，几乎在一夜之间解决了这一问题，其中的原因在于中欧班列为中国与欧洲大陆通商带来的物流优势。这是一条固定货运列车线路，欧洲终点站位于德国杜伊斯堡，中途穿越了哈萨克斯坦、俄罗斯和东欧诸国。中国消费者可以直接从欧洲商家那儿购买产品，这些商家在中国境内拥有信誉良好的经销商和完备的库房，简化的通关程序进一步缩短了进出口货物所需的时间与成本，甚至为顾客退货提供了退税的便利。如今，消费者已经可以在重庆本地方便地采购进口奶粉，而无需再顾虑质量问题。"线上到线下"的模式进一步增强了消费者的信心。如果为人父母者对于在线购物缺乏信任，大可前往实体店亲身体验一番。相关店铺所拥有的进口产品往往十分齐全。

总之，我曾在20年前的中国体会过的种种场景——嘈杂落后的市场、糟糕的社会环境——如今早已换作另一片新天地。相关的转变实在称得上天翻地覆。正因如此，旅华人士的中国配偶加入外国国籍渐渐成为无利可图之事，也不再是大家追求的目标。我来到重庆的最初十年，中国配偶放弃中国身份而获得西方护照的事例可不少见——如此情况，也和中国拒绝承认双重国籍有关。但是，当今中国取得了惊人的现代化成就，又迎来文化方面的复兴，同样的事情，我在来华的最初几年可是未曾见证，我现在听闻的移民故事也有了相反的版本：定居海外的人们更愿意回国生活，甚至重新获得中国身份（当然，要想获得中国身份，还得经历一系列冗长复杂的过程，并且付出一笔不小的费用）。我一度想要积极鼓动妻子成为英国公民，我这个曾经的愿望而今已经不再具有什么实际利益了，我倒是在重庆居留了20年，还成了中国的永久外籍居民——我的经历可以证明一件事情：仅仅花了一代人不到的时间，这个国家便已基本完成现代化的进程。

第 3 章
产业：从劳动密集型经济向高新时代的转变

技术革命毫无疑问地改变了人们获取信息与互相交流的方式，我认为世界各地都在经历同样的事情。原因是这个世界不乏对重庆怀有浓厚兴趣的网友，大多数国家的政府都在不同程度上采用了在线政务系统，西方常用的社交媒体平台之上也有来自各国的用户。当然，作为一名"80后"，我也在时时提醒自己：如今社会的这些发展与成就，早已超出了我们那代人当年最为狂野的想象。即便在千禧年到来之前的西方，大家都无法预见当今的种种存在。我个人甚至有种双脚跨越着两个世纪的感觉。比如，在我年纪尚幼的时候，唯一交到外国朋友的办法就是结识笔友。提到笔友，我所在的学校常常和法国或德国的其他中小学举办类似的活动，算是一种文化与语言上的互通有无。当时我们与笔友通过手写的信纸交流，再附上几张照片。那个年代的越洋电话相当昂贵，我的祖母和她那些早在 50 年代就移民到澳大利亚与新西兰的发小联系的时候，也不得不采用慢得犹如蜗牛一般的信件。

我初次踏上重庆土地的时候，当下这个高科技年代尚未到来。那个时候，手机里的 SIM 卡尚不需要拥有者注册个人信息。而且，不同的号码常常价格殊异，其中的关键竟然和号码中有多少个"4"或"8"有关——这个现象，一度让我等留学生十分疑惑。后来，我们才知道，不同的数字所代表的"吉凶"各异。

那还是一个纸质媒介占据绝对优势的时代。重庆市区遍布着大大小小的报刊亭，还有无数的卖报小贩活跃在街头巷尾，兜售着报纸、杂志和各类书刊，所得的收入还算不错。

21 世纪进入第二个十年，智能装备逐渐兴起和普及，传统报刊自然到了退场的时间。而后，无线网络进一步升级换代，运营商馈赠给用户的流量愈加丰厚起来，加上功能空前强大的手机，各位用户已经可以随心所欲地在全天任何一个时间自由收看在线视频。由此一来，千家万户的电视机齐齐失却了半个世纪以来作为家庭娱乐中心的地位，几乎沦为了单纯的室内摆件。

对于绝大多数读者而言，如上的变化应是十分熟悉的。可是到了中国，最有趣的发展并非这种自纸媒到互联网的全线变迁，而是和各个省市的相关单位找到国际发声渠道有关。有了这层渠道，中国的各个地域可以自由地推介本地的各种独有文化——例如旅游、新闻、商务、政治和其他事物——使世界各地使用英语的观众都有所了解。在过去，如此的交流事务仅仅只是中国中央电视台外语频道的专门职责。事到如今，各大强有力的门户媒体、用户过亿的社交平台、专门的摄影设备和完备的直播功能多管齐下，让独立的内容制作者与网络主播大行其道。而以北京、上海和广州为代表的大城市率先成立官方外语频道，以求促进国际交流。这些频道不但旨在提升各地传播的丰富性和及时性，同样也可以抵御境外媒体平台上的负面和误导性信息。毕竟，相关平台非常缺乏对中国的理解，中国的声音也属罕见。

2018年8月，重庆国际传播中心（负责运营重庆官方海外传播平台"iChongqing"）在联合国总部举行的一次仪式上正式亮相。庄严启幕过后，中心的一大目标在于提升重庆的形象，让这座城市从内陆落后地区变身为国际都市的过程广为世人所知。同时通过各种好看的节目为数千万观众提供他们所需新信息。中心坚持现场报道重庆的国内、国际大型会议，它可以直接向观众展示重庆的发展和吸引力，也会请知名嘉宾分享他们对重庆各种机会的专业见解和经验。同时，中心与当地外籍人士社区定期互动，让全世界的人都能从了解和热爱重庆的人那里获得对重庆生活的更深入了解。

仿佛是命中注定一般，从2019年起，我就开始饶有兴趣地关注iChongqing，并且一直觉得我对这座城市的熟悉可以追溯到近20年，再加上我个人对推广重庆的热情，可以让我做出一些有益的贡献。后来，我与该组织一名媒体工作人员会面，他及时提醒了我当月即将到来的招聘活动。从 2020 年 2 月起，我正式成为 iChongqing 的记者，这让我开启了一个全新的视野，让我有机会全面了解这座伟大的城市并结识更多的人，从领事、企业领导人、非物质文化遗产传承人，到参与乡村振兴的当地农民。我知道了许多令人难以置信的故事，将在随后的章节中述说。在此，我觉得有必要对这种只有少数人能享有的难得机会表示衷心的感谢。

回顾过去，我很感激自己的童年和少年是在高科技时代到来之前。那时，生活的大部分时间都是在户外活动，周围都是朋友和家人。无论是好是坏，人与人之间的互动是日常生活中很普通的事情，网络游戏几乎没有进入我们的意识，迫使我们在学习、友谊和娱乐方面更加依赖彼此。对于离新千年更近的几代人来说，我确实感觉到了更多的个人脱节，因为人们通常似乎交流得少了，尤其是与不熟悉的面孔交流，往往更喜欢沉浸在网络世界中。

然而，在成年后，高科技时代创造了我小时候做梦也想不到的机会。现在，用手中的高清相机捕捉重庆的独特体验，用无人机航拍，或举行直播与世界另一端的观众进行现场交流，都是一种真正的乐趣。仅仅在几年前，还不可能直接与外国观众分享如此真实的中国现代化生活场景。我觉得自己真的很幸运，生活在了历史上的正确时间和正确地点——在这个国家和人民从未如此接近复兴的特殊时代，我很荣幸能充分参与其中。

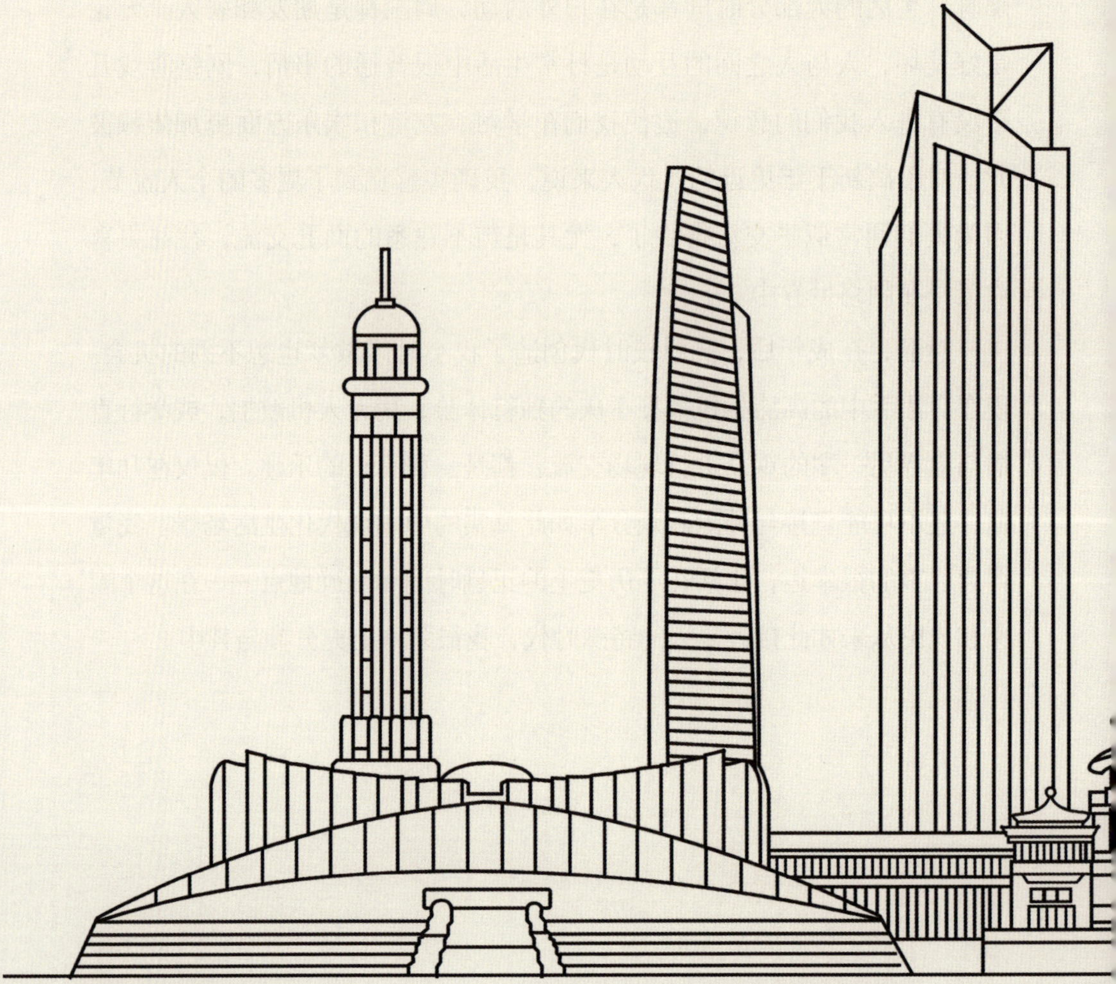

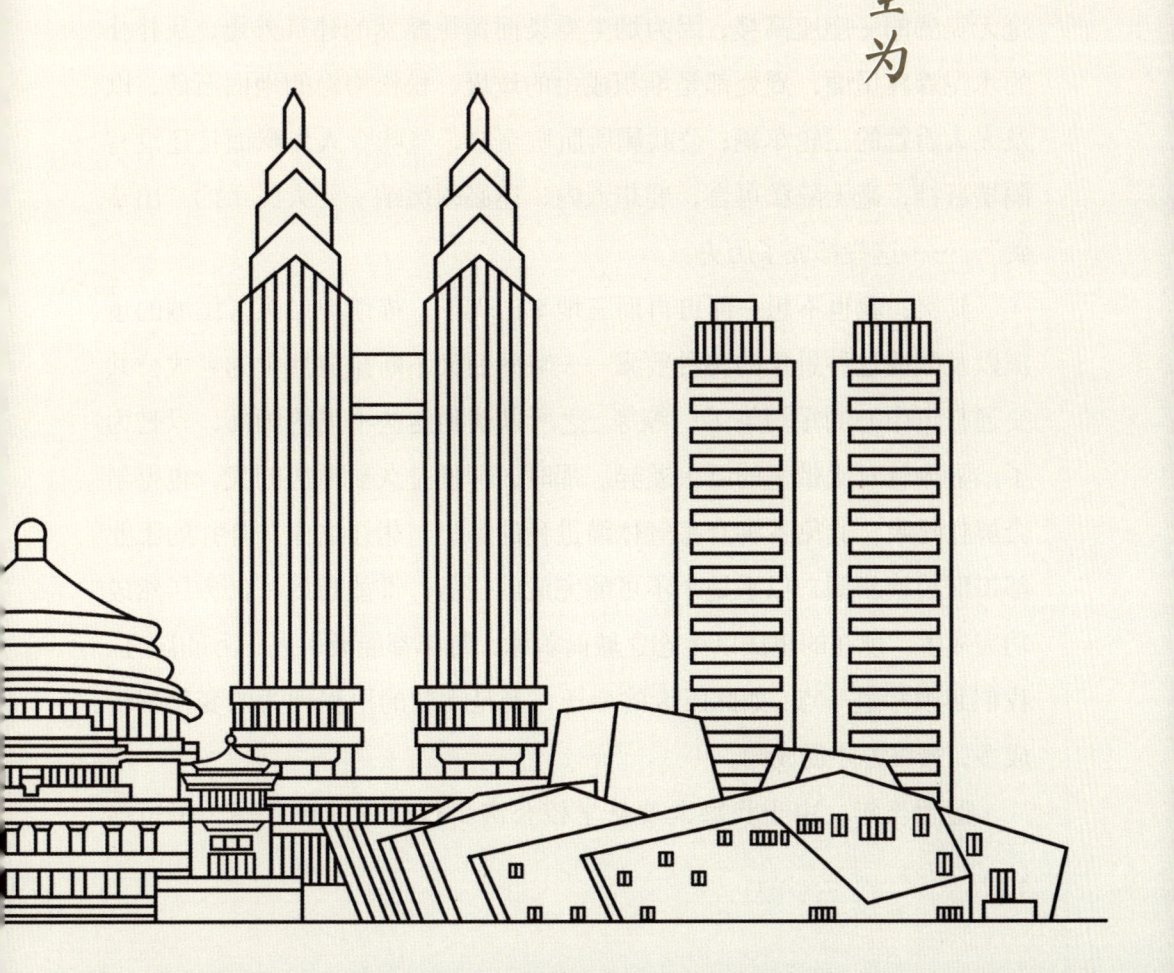

第 4 章
环境：从『雾都』转型为绿色发展

雾都岁月

如果我们把当下的重庆和我初次来到这座都市甚至在那之前的样貌作个对比,会生出怎样一番感想呢?见证历史变迁的那些地标建筑自然都是岿然不动,可除此之外,一切都已天翻地覆——对此,人们只会觉得难以置信。接下来这个章节也将以这种变化为主题。只不过我不打算谈论太多经济发展带来的变迁——比如流光溢彩的天际线、四通八达的交通设施,而是准备谈谈全新的环境。"雾都"上空不再有浓厚的雾罩,取而代之的是晴朗的蓝天。至于那些曾经的景象——混凝土随意砌成、毫无美感的一座座高楼;因为烟尘熏染而黄黑黯然的建筑外墙;灰扑扑的水泥森林里面,到处都是堆积成山的垃圾、松松垮垮的地面石砖,以及无人看管的三轮车辆;公共厕所肮脏至极,气味令人作呕而且还没有隔墙蔽挡,毫无隐私可言,要想入内,还必须缴纳一元人民币的"出恭费",……这些都成了历史。

其实,我也不想一而再再而三地举出例子,描绘曾经黑雾压城的重庆以及酿成这种景象的种种要素——喧闹而又不断排放烟尘的老式公共交通与市中心的重污染工厂等等。之所以谈到这些不堪的画面,只是为了凸显今昔对比带来的巨大差异。那时,即便是久居重庆的我,也得学会屏住呼吸,避免各种有害气体灌进我的肺里,想让这座灰扑扑的工业都市旧貌换新颜,似乎是个不可能完成的任务。谁能想到,任务居然成功完成了。现在的重庆以生态之城而著称,每年都能吸引上千万的游客。我们必须知道一点:如此巨大的变迁,乃是无数的里程碑式的变化聚少成多,最终方才促成的。

遥想当年,由于我每天要从学校公寓步行前往三峡广场,短短路

第4章
环境：从"雾都"转型为绿色发展

程却无法避免遇上各种不堪情形。当然，三峡广场作为商业中心的地位非常重要，市政部门倒是严加注意，随时维护着当地的整洁与雅观。不过，他们的精力也仅限于维持表面。人们无需大费工夫，就能发现面子工程之下的点点裂痕。本着为各位读者提供前后对比的原则，我打算一五一十地好好谈谈那个年代曾经危害多年的种种环境痼疾，而后再行介绍重庆市政部门和社会各界在生态修复和城市面貌更新方面的努力与进步。最后，我会说到当下重庆令人惊叹的生态环境，并从自身角度提出一些尚待改进的地方。

日常生活中，最恼人的问题莫过于呛人的烟尘——真是时时刻刻会在我的喉咙里留下灼热的感觉。有时候，烟尘甚至会不可遏制地引发肺部炎症，带来呼吸困难的后果。除此之外，地面上也时有惊吓出现——尤其是在晚间，惊吓往往埋伏在灯光昏沉的街道之中。每到灰暗冬天的朦胧夜晚，每个行人都得放慢脚步，以免踏上已经松动的地砖。如果不慎踩上，往往会溅起砖缝中肮脏不堪的污水，弄脏裤脚，甚至浸到皮肤上。我对此已经算得上非常小心，可还是不幸多次中招。

这样的"水患"，司机有时也难以避免。洒水环卫车清扫路面时，高压水柱就常常喷溅进毫无防备的车主大开的车窗中。说到这里实在抱歉，有一次我在重庆郊区开车，驾车的我实在低估了路中一道积水坑洼的深度，恰好一辆摩托车又适时经过我座驾旁边，因此被溅了一身水。事故的来龙去脉十分清晰，我并不需要负责任。可是，对方还是堵住了我的去路并吐露了他的不快。我真诚地表达了歉意，却还是没能打破我俩之间的僵局。那一刻，我感到事态随时可能升级。最终，对方还是一踩油门离开了，结束了这场不快的相遇。

那个时候，重庆的街道两旁垃圾随处可见，而且往往以一堆残枝败叶为中心堆积而起，等待着市政清洁人员拉着一辆辆又大又旧、锈迹斑斑的垃圾车前来清扫。我无意贬低各位清洁工人为市政环境的付出——可是，每到晚上，他们确实也习惯把自己的那堆设备随意停放在人行道上或者道路的一边。有许多次，我从垃圾车周围经过的时候，都不小心和它们有过几次"亲密接触"。垃圾车扶手的尖锐外壁正好刮破了我的裤子，留下一道显而易见的裂痕。我只得垂头丧气地回了家——还好，那一次也不算太过丢脸，至少不比我在釜谷山的攀登经历更惊心动魄——当时，韩国的几位老同事向我发出登山的邀请，我未加考虑就接受了。事实证明，这一举动不大明智。当我伸展四肢、面孔朝上认真攀岩的时候，裤裆突然就爆开了。前方还有很长一段山路要走——对我来说，这段路程既艰难又"暴露"。各位同行的人倒是多出不少笑料，一路都是欢乐开怀。

那时，身在重庆的我在日常生活之中最大的烦恼莫过于遮天蔽日的浓烟污染，以及搬运建筑石料的多轮重卡带来的滚滚尘土。至于排名第二的烦心事，可能就得要数那一刻不停的噪声了。我曾经通过一本中国旅游指南了解到——每天清晨，都有数以亿计的中国人从挖掘机和钻孔器的喧嚣之中醒来，丝毫没有任何怨言——英国乡间的宁静，反倒可能让他们手足无措、难以适应。我刚到重庆的时候正值世纪之初，恰是这座城市高速发展市政与基础设施的疯狂岁月。在那个时候的重庆，人们对于建筑工地上的种种噪声保持容忍，无疑算是一种正能量满满的生活态度。谈到那本旅游指南对于中国人民热爱喧闹、讨厌静谧的判断，我倒有一些不同意见。随着现代基础设施的完善，重庆多出了不少专供乡村旅游、远足、露营、登山等游览项目的地域，各处都以宁静的田园风情而闻名。要说重庆人民不喜清静，可能并不符合事实。但是放在过去，当这座城市正为建设今天这样国际大都市级别的基础设施而奋斗的时候，他们确实显得非常宽容——我觉得，那是为了长远利益而牺牲一时的安宁。至于人与人之间的关系，我从个人经验出发，觉得重庆人民在绝大

第 4 章
环境：从"雾都"转型为绿色发展

多数情况下相当和善与耐心。深夜里装修的动静惹得邻里大动肝火的情形，实属少之又少。

当然，不同文化背景对于"噪声"的定义并不一样。西方人耳中不堪的喧闹，在中国人眼里可能只是一片祥和喜庆的象征。人居拥挤的社区里尤其如此：笑声、调侃声、歌声、舞声和麻将撞击产生的噼里啪啦声交织一起，显得如此和谐而欢乐。长期浸淫其中的人，会慢慢习惯这样的情形。如今，每次我离开重庆回到英格兰中部的小城镇，发现自己并没有特别享受那里的宁静。随着我在重庆生活日久，回乡之后格格不入的感觉也是与日俱增。反倒是重庆住所附近的各种声响——来自商店、餐馆、娱乐场所、学校和入夜之后生意兴盛的啤酒大排档——叫我更加安心。

当然，过去重庆的喧闹可不止于此，而是更加多元。白天，这座城市大街小巷的商铺都在门外开着大喇叭，播放刺耳的舞曲。各位年轻的女店员一面卖力挥舞着手里五颜六色的塑料拍手器，一面高声叫唤招揽顾客。临近黄昏，公共场所也变成大量中年妇女占据的天下。她们来到此地是为了参与广场舞。总有一名领舞者作出示范供大家效仿。为了让黑压压的舞群达成一致效果，吵闹而富于韵律的音乐自然必不可少。自助卡拉 OK 摊档的动静时不时也在街头响起。霸占麦克风的人通常劲头十足，歌喉往往却叫人不敢恭维。

即便到了深更半夜，公交车和各类巴士也在城中不知疲倦地穿梭——毕竟，这座城市总是不缺夜归人，而他们又很需要廉价的交通工具。就这样，售票员的高喊和马达的低吼在晚间从不缺席，打破了夜重庆的平静。当然，市中心那些工期紧密的建筑工地不会放过趁着夜间赶工的机会，由此成为噪声的一大来源。我供职的学校曾经花了近一年的时间，在所在的沙坪坝区建起了一片全新的教学楼，楼宇正好位于我宿舍的前面。重庆的冬天并不寒冷，这里的双层窗户自然也不流行。正因如此，即便关紧门窗也无法抵御寒冷，要想节省取暖费用也只剩下裹紧衣物这一条道路了。薄薄的一层窗玻璃，当然奈何不了起重机马达的轰鸣，对路过卡车的动静、锤子和成捆钢梁撞击地面的叮当作响更是无能为力。这也罢了，就连三峡广场步行街的上面，竟然都有不少建筑车辆穿梭来去。

如今各位读者通过搜索即可发现的重庆高楼，大多都在我来到此地之后方才拔地而起。我还记得一次颇显神奇的遭遇：当时，未婚妻执意要去一家露天烧烤档吃饭。烧烤档的所在地，正是城市当中无数狭窄巷弄中的一条。其间，来往车辆不断喷出烟尘，四周当然也少不了各种吵闹噪声。如此情形，我从未真正适应过，她却一直安之若素，用餐如故。"蓝伞酒吧"，也是这样一处喧嚣的食肆。它就位于重庆地铁一号线工地旁边的100米处，也是我和同伴当时常去的聚会场所。出入工地的卡车总是成群结队，而且一天到晚从不间歇。毕竟，它们需要挖掘泥土，铺设地铁轨道。自然，我们的聚会总免不了被一阵阵的汽车声搅得支离破碎。

到了开县和合川这样的市郊区县，我还常常遭遇一些意外之"喜"。第一次踏上区县的地界，我才发现，这里的摩托车喇叭总会像交响乐一般齐齐奏鸣，持续24个小时而不间断，完全无需任何休整的时间。即便到了深夜，它们也照常喧嚣如昼。虽然道路上并没有明显的危险，乱摁喇叭也没有任何合理的缘由，但区县的马路上从未出现安静的一刻。那个年代，万州连接开县（今天已经更名为开州）的高速公路尚不存在，如今半小时不到轻轻松松穿越数个隧道与桥梁便可完成的路程，当时还需要在脏兮兮的国道上颠簸3个小时。反正坐大巴就是如此。要想省下那么一两个小时，只能先行赶到万州，而后再搭乘出租车前往开县——如此一来虽然省时，但也免不了要和数不清载着水泥的卡车以及装有建筑材料的车辆一次次地近距离擦身而过，这一点我实在无法消受。毕竟，大量浓烟总会顺着敞开的驾驶窗钻进出租车的车厢，而大多数"的哥"

第 4 章
环境：从"雾都"转型为绿色发展

都对此毫不介意。他们还总喜欢摁喇叭，声音几乎能够致人失聪——震破鼓膜还是小事。那种动静似乎能在人体之内形成回响，把战栗的感觉传遍身体的每一寸。

合川是一座三江汇流的城市，嘉陵江、涪江与渠江在此相遇。每逢旱季河水退却，总有大片大片的江岸暴露在外——这个地方由此成了大家的聚会之地。人们纷纷来到这里，要么在临时搭起的窝棚里品茶，要么就在江滩上放风筝。还有些人干脆和嘉陵江来了个亲密接触。夏天实在酷热，而滔滔江水正好可以消暑。待到汛期，猛涨的江面会吞没这片临时乐园，为重庆带来洪水之患——随着草街水电站大坝的竣工，江岸永永远远地没入了水底，如上的景象也变得只可追忆。大坝建起之前，这一段嘉陵江上总有运沙船在游弋。它们装走的沙石数量难以计数，整个白天，都能听见运沙船马达鼓噪的声音。到了晚间，渔夫们架着小小的摩托艇集体出动，江畔的各位住民因此倒了霉——对了，江边坐落着无数的公寓。透过阳台，千家万户即可目睹江上的景色。旱季时，涪江水位会下降到不能行舟的程度，运沙船也只能靠在岸边待命。各位工人正好趁此时机维修船艇。他们手中的锤子齐齐击打金属，又会弄出好一阵嘭嘭哐哐的动静，如此的生活图景，我实在难言喜欢——不只因为轰天的噪声，还因为这些占据江岸的船只本身的丑陋。几年过去，这种场景终于消失不见。为了保护生态和鱼类种群，有关部门下达了一纸长达10年的禁渔令，这些渔船集群由此成了历史。

虽然重工业的味道充斥在每一口呼吸之中，有害烟尘在车灯和霓虹光晕照耀下也无所遁形，但污染源大多隐藏在主要居民区之外。只要驾着汽车来到郊区，无需走出多远，就能看见一处处的厂房和碍眼的大烟囱——这样的地方，都有大卡车进进出出卸下东西。有时候，它们又会满载物品，直到每一寸空间都塞得满满当当的，然后吱吱嘎嘎蹒跚离去。

合川是一座三江汇流的城市，嘉陵江、涪江与渠江在此相遇（摄影：熊力）

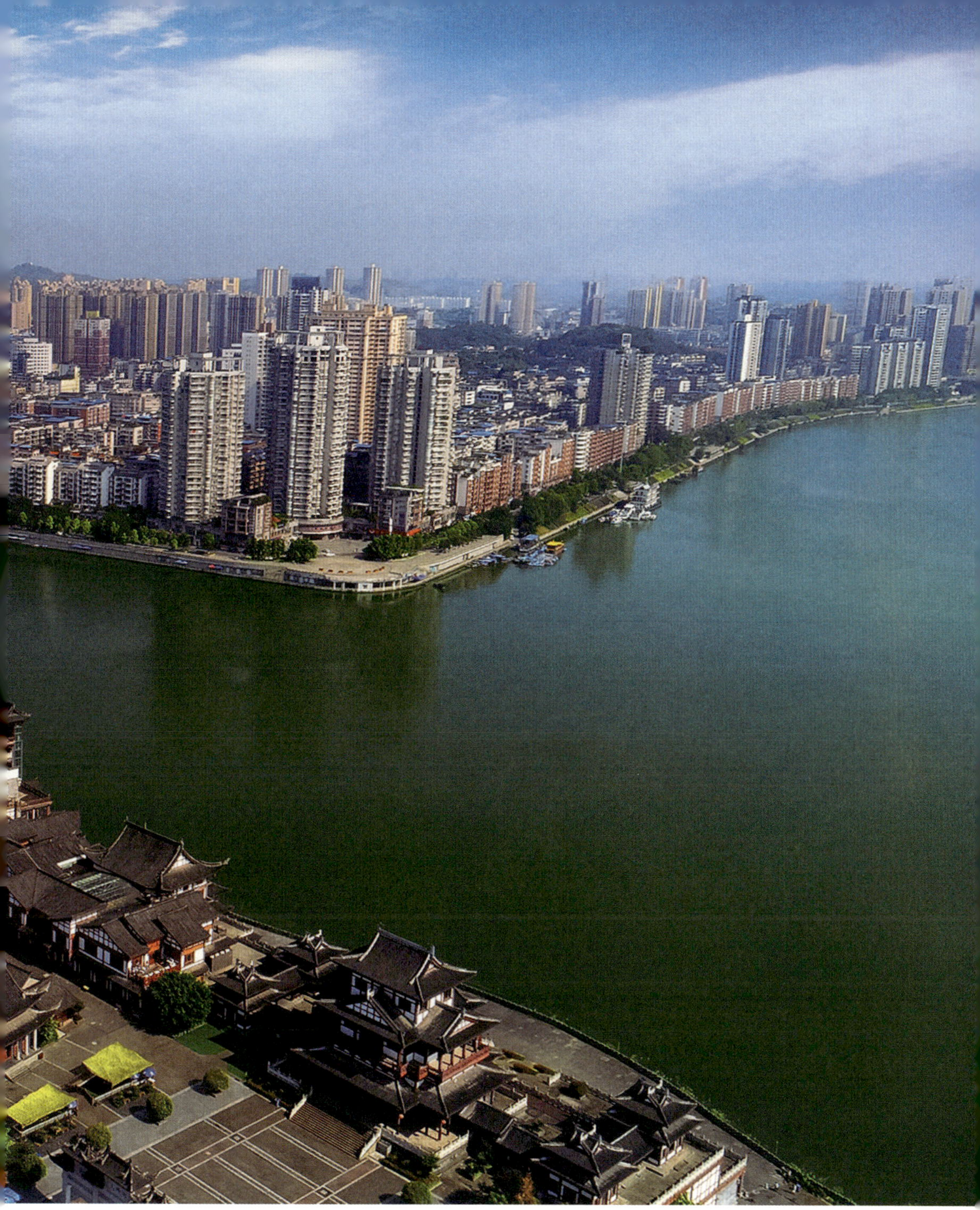

提到工厂污染，最好的例子莫过于上个章节里的那座油漆工厂。我和妻子常常挤在工厂货车的驾驶舱里，度过一段前往合川的便车之旅。那辆货车的明黄色涂装实在惹人注目，我们每一次都走同一条路线，司机也总是由同一人担任。我还记得，驾驶室和后厢之间有一扇小门。透过门上的窗户投去一瞥，总会发现后厢满是货物，没有一点空余的空间。正因如此，车辆的发动机总是处于过载状态。汽车走上嘉陵江沿线的盘山公路，发动机叫唤得愈加厉害。如今的公路由5条车道组成，那个时候却只有3条而已。负重前行的货车总会霸占最大面积的路面空间，而众多小型车辆在压迫之下只能悻悻地靠边等待。

我的便车之旅持续了足足3年。印象中，发动机仅仅只缴械投降了那么一次——事发地点是北碚的一处隧道里面。货车已经无法动弹，发动机倒是继续高声轰鸣了好长一段时间。我当时真担心它会着火爆炸，只能翻出窗外逃到了一旁的路边。经过我的一番循循善诱，未来太太也被我从敞开的车厢窗户里"接"了出来。谢天谢地，我担心的爆炸没有发生。但货车公司却因为超载而收到一张罚单，损失了很大一笔金钱。时间回到事故现场，我们不得不徒步走出隧道，终于走进一片空地。过了一阵，我俩等到一位足够友善的车主，继续搭乘便车完成了剩下的旅程。

话说回来，卡车超载这件事，我在来到重庆的最初十年看过太多太多。看一看道路中间数之不尽的坑坑洼洼，以及垮塌的路面上清晰可见的卡车轮胎痕迹，就知道这种现象有多常见。当然，重庆到合川的公路总体而言还能正常通行——只不过，这是一条蜿蜒的盘山道，一路开进重庆城区。对于一台四轮驱动车辆而言，这条路途可比任何越野公路赛道更具挑战性，我们就在这种路面上颠簸辗转了许多年。终于有一天，道路上设立了称重的检查站，每辆卡车所承受的负重也得到了限制。

2003年，我第一次来到重庆，此时，这座城市因为重工业而生的旧貌已经渐渐有所改变。仅就渝中区而言，拆除妨害环境的重工业设施的工程一直在进行，直到 2005 年方才大致完成——这一年，渝中区的最后四根属于一家化工品和电池工厂的烟囱终于被拆除。这是渝中区发展史上的重要一页，从此以后，该区范围内再不会有任何"冒烟"的烟囱存在。与此同时，治理污水的工程也在逐年推进，每一年减少的废水排放量达到 450 万吨，而降低的固体垃圾与有害气体分别有 3 万吨与 4.2 亿平方米。天空因此蓝了不少，河道也重新清澈起来。相关行动还为上千万重庆市民创造了更为安全、舒适的人居环境。清除垃圾所开辟的地区，正好作为现代化公寓与商业中心等新兴物业的建设地。一项关于重庆市生态环境的公开报告指出，2021 年重庆市内空气质量为"优"的日子达到 326 天。提取自长江及其支流的水样经过检测，显示水质良好。主城区的绿地公园的总面积已经超过 3 万公顷。

翻新这座城

随着历史发展，许多传统意义上的重污染产业都已湮没在了过去。此外，还有不少工厂在过去的几十年内消失不见——不是因为到达使用年限，或者出于政策的变化，就是与技术的发展有关。重工业工厂最终的结局都是遭到拆除，但一些古迹却另有结局。国民政府时期的"中央银行印钞厂"落成于 20 世纪 30 年代，坐落在鹅岭之上。许多年内，这里都是印刷纸钞、邮票与政府文件的地点。到了 20 世纪 70 年代，中国的经济形势十分窘迫，根本无钱修葺古迹，"中央银行印钞厂"旧址因此沉寂下来。

直至 2014 年，旧址还是一片荒芜。不过，随后启动的城市翻新工程，让"中央银行印钞厂"旧址变身为"鹅岭贰厂"文创公园。翻新期间，印

雄奇山城
一个外国人亲历的新重庆

刷厂大楼的建筑结构得以加固，内外的各种装饰也焕然一新，同时也保留了当年的样式——建筑整体仍以怀旧的木质地板为主干，混凝土与瓷砖覆盖的表面保持着极简主义的风格。这里大楼上的灯光与招牌都极富民国风韵。许多独立小摊档受邀进入园区，开设了一系列的创意小店、画廊、餐厅与办公室。如今的鹅岭贰厂已是游客云集的热门景点，以独特的新旧荟萃而著称。身处此地，大家可以同时观赏长江与嘉陵江两条江河的风光。近来，许多成功的中国电影都以重庆为拍摄地。光临鹅岭的各位游客，可以在此和这些

鹅岭贰厂曾经是一个废弃的印钞厂，但现在是一个旅游景点和文创公园（图片提供：视觉中国）

第4章
环境：从"雾都"转型为绿色发展

电影中的著名场景合影留念。鹅岭贰厂的成功，在重庆附近引发了复制风潮，市内及周边的不少废弃工厂由此有了新的用途。其中的一些取得了不小的成功——江北区的北仓和金山意库就是其中的代表。

废弃工厂旧址化身旅游胜地，甚至吸引创意产业荟聚一起——这个创新趋势实在有趣。渝中和南岸的境内，都分布着不少古旧的居民区——它们本来见证了重庆最早的一波城市发展历程，后来却成为一处处难言美观的混凝土大楼，以及肮脏不堪、杂草乱生的破败街道。经过一番精心改造，这些地方重现生机。在一起又一起这样的城市改造的有趣个案中，城市的各个区域都以不同形式的主题得到了重建。当地居民的人居环境变好了，整片社区也愈发美观。相关的益处还不止于此——市内外游客纷纷慕名而来，只为感受这些独特地域的不同韵味，其经济效益蔚为可观。南岸区，一片因为位于长江以南而得名的区域，就有着"后堡超级80街"这样一个规模小小却又非常成功的例子。

"南坪正街"同样位于长江以南，从一片宁静的居民区中穿过。这里也是重庆市内20世纪80年代楼宇最为集中的场所——80年代，南坪和江对面的渝中区（译者注：当时名为市中区）同为重庆最为繁荣的区域。南岸区的这一片土地拥有扬子江假日酒店和工商银行大厦等多处曾经的地标，其中，工商银行大厦作为当时的绝对高楼，一路见证了城市发展并屹立至今。不过，由于旧居民区面积实在广大，南坪这种曾经繁荣一时的区域在重庆的新经济发展浪潮中渐渐落于人后，而旧居民区中的老房子和旧街道慢慢陷入年久失修的状态。这里毫无商业优势，自然也无法延揽游客与吸引商家入驻。"十四五"规划推出的政策，其一大目标便在于全面翻新各地的旧城区。由此，有关部门在南坪开启了一项耗资1.37亿元人民币的翻修计划，旨在提升当地生活环境的同时，也力图使南坪重现城市中心的辉煌岁月。鉴于南坪80年代的光荣岁月，整修后的老街也被命名为"后堡

雄奇山城
一个外国人亲历的新重庆

超级 80 街"。工程不但从头到脚整修了区域内的居民楼,粉刷了所有楼面,也对其极简主义建筑风格进行了保留。同时,楼宇上新增的橙色金属结构,又为每户人家的窗户外面带来了一处小型阳台。由于街道主打"80年代"的概念,数字"80"自然也融入了街区的设计。这里的街道铺设齐整,20 世纪 80 年代风格的霓虹灯十分惹眼。一面面的百叶窗被涂成了各种鲜艳颜色,墙面统一刷上了白浆。电气设备和基础设施也在整修之后更显统一。此外,两公里长的街道两旁还有不少雕塑和装饰——电视机、闹钟、收音机、麦克风和五

"后堡超级 80 街"展示了城市翻新如何创造性地为陈旧的街区赋予新生命(摄影:詹姆斯)

第 4 章
环境：从"雾都"转型为绿色发展

工商银行大厦作为 20 世纪 80 年代的绝对高楼，一路见证了城市发展并屹立至今（摄影：熊力）

颜六色的电喇叭，个个都是 80 年代的款式风格。如此的装修，虽难以大幅提升周边的生活环境，但其独一无二的风格却是吸引大批游客的有利条件。随着大批游客蜂拥而来，周边的店家因此获取了优厚的经济利益。

在重庆，不同的生活经历能让生活在不同区域的人讲出互不相同的居民区在城市翻修的过程中得到个性化重建的例子——相关的例子实在不胜枚举。位居渝中半岛之上、和闻名的巴蜀中学相距不太远的枣子岚垭社区就是无数个的例子之一。

枣子岚垭社区始建于20世纪80年代，后来渐渐痼疾缠身——这里的沟渠极其肮脏，堆满建筑废料与生活垃圾。同样脏兮兮的建筑外壁上挂满了老旧的空调机和裸露的电线，不但难看，而且还是引发各种灾祸的隐患。社区空间同样缺乏维护，没有应该配备的桌子、椅子和健身设施。当然，居民最头痛的问题在于如何出入自己的家——社区竟然没有直通外面主要街道的路径。

渝中半岛地势高低起伏很大，不同的平地往往位于不同的水平线上，从上到下一路蔓延到江边。许多建于斜坡一侧的社区就有这样的烦恼。就枣子岚垭而言，此地仅有一条青苔丛生的石板路通往山脚之下。居民们想要前往的热闹街市不得不步行半天，才能抵达目的地。

2019年，重庆开启了全新的城市翻修工程，即棚户区改造工程。这一工程雄心勃勃，旨在重整的棚户区面积达到800万平方米。要让这些破败多时的地方重焕光彩，似乎有点不大可能。可是，工程大获成功，枣子岚垭等地"旧貌换新颜"的成功故事，给了大家莫大的激励，不但因为生活环境的改善，还出于社区服务的赤诚付出——某些社区改造的案例中，旨在完成翻新事业的领导甚至亲自上阵清理沟渠中的垃圾。当然，那个时候的社区管理囿于较为窘迫的经济条件而无法有效展开，人们的主人翁意识也十分淡漠。为了宣传与表彰旧社区改造的成就，有关部门召开了表彰会议。会上，各位领导讲述了他们是如何克服日常工作之中的种种困难，以及在如此关键行动之中亲力亲为的细节——这样的细节，正是他们在这项涉及全市范围的行动之中取得广大居民支持和信任的关键。

如今的枣子岚垭，公共区域已被整修一新，焕发了色彩斑斓的光彩。椅子、健身设施和儿童游戏区等社区设施设计精巧、一应俱全。老式的混凝土墙壁变成红砖砌成的文化展示墙——墙上的文字介绍与摄影展览显示

第 4 章
环境：从"雾都"转型为绿色发展

空中步道为山城居民的生活带来了很大便利（图片提供：视觉中国）

了枣子岚垭这番革命性变迁的各种细节及过程始末。这里的 11 处住宅区内的裸露电线全部得到了处理，相关的安全隐患一扫而空，外部环境也焕新升级。楼宇的内外墙和连接上下两处街道的路径两侧都经过翻新，满墙的艺术画之中既有各种象征重庆的地标，也有代表古代文化的场景。

我和几位长居此地的居民有过交流。作为当地巨大变化的亲历者，几位居民毫不讳言过去的心路历程——由于整个社区糟糕的卫生状况、不太便利的基础设施以及破破烂烂的整体环境，他们都曾有过搬家离开的念头。可是，一提到现在，各位居民又显得激情满满、骄傲万分，对于五颜六色的空中通道不吝赞美之词——这条道路一头通往地势较高的一条街道，一头直接进入社区的庭院。如此一来，各位居民省去了出外攀援阶梯之苦。一位居民还表示，社区旧貌换新颜之后，大家对于周遭环境也愈发珍惜。人们出于责任感而不再乱丢乱扔垃圾，也摈弃了随地吐痰的习惯，毕竟，会有许多游客在媒体上看到枣子岚垭的今昔对比后慕名前来游览参观。

历史上，重庆一直因水而兴。1891 年开埠以来，重庆成为对外通商口岸，由于和外界的

> 白象街曾是外国领事机构汇集之地，也是重庆"下半城"一度繁荣的见证（摄影：戴前锋）

第 4 章
环境：从"雾都"转型为绿色发展

如今的湖广会馆在历经艰苦和多方参与的重建之后已经恢复往日神采（摄影：帅世奇）

经济联系不断加强而愈发繁荣。市内的第一处海关便位于渝中半岛之上。此前的湖广填四川时期，来自湖广地区的商贾也在半岛上建起了自己的会馆。如今的湖广会馆在历经沧桑和多方参与的重建之后，已经恢复往日神采，成为长江岸边重要的地标。临近江边的白象街曾是外国领事机构汇集之地，也是"下半城"作为重庆一度的繁荣之冠的见证。

不过，现代路政系统建成之后，重庆不再单纯依赖水运。渝中半岛地势较高的"上半城"渐渐取代"下半城"，成为新的经济中心与外交场所聚集区。当然，今天渝中区的发展已然趋于平衡，往日里"下半城"和"上半城"之间的贫富之别早已不存在。但是，曾经联系两地的各处阶梯仍然可以寻见——"十八梯景区"

149

便是其中一处。经过翻修之后,"十八梯"已经成为解放碑附近游客云集的观光热点。

我刚来重庆的那些年里很少涉足公园,即便是离我公寓不到1公里的沙坪公园也没去过几次。沙坪公园占据了200多亩的面积,我大概在那里逛过寥寥几趟。第一次是在刚到重庆之后,一位年轻的学生陪着我到公园的湖畔和露天游泳池旁转了转——提到沙坪公园的泳池,我就想到了这些年来那里发生的种种溺水事故。还有一次,公园在圣诞夜组织了盛大的表演,内容包括喜剧与歌舞,一直持续至深夜。欢腾的人群拿着充气的锤子互砸脑袋以示问候,盛着泡沫的罐子也被喷洒一空,经过的路人也免不了遭受同样的待遇和洗礼。

沙坪公园始建于1957年,是重庆市内历史最为悠久的公园之一。当然,此地也在长时间之内处于年久失修的状态。后来,沙坪坝区政府召开招标

十八梯是连接重庆"下半城"和"上半城"的阶梯之一(摄影:盛利)

第 4 章
环境：从"雾都"转型为绿色发展

会，招揽各方人士为公园设计全新方案。中标方案的实施取得很好的成效。如今，沙坪公园成为绿树成荫、湖水清澈和鸟类云集的游览胜地，并赢得了"先进城市公园"和"历史文化公园"的盛誉。

沙坪公园的变迁，说明旧有的绿地完全可以被改造成为全新的面貌，优美的环境和经过翻修的先进设施也能给人新鲜的感觉。市民无论年龄大小，都能享受到更为优质的环境。因为风景优美又处于市内要道，沙坪公园本就拥有成为城市休闲首选之地的优良基础和历史底蕴，只是几十年来的忽视，造成了公园内湖水污浊、荒草丛生和地面肮脏的情形，也导致设施的陈旧失修。当然，城市景观设计师们并未因此就将污染问题作为亟须解决的首要任务，也没有选择立即拆除相关的工业设施。相反，他们只是在原有基础上进行了有效的改造。

丰都县的偏远山谷中，颜色如黛的龙河缓缓流过。这是长江的支流之一，全长 164 公里，穿越层峦叠嶂的喀斯特地貌，沿岸覆盖着葱翠的林木植被。层出不穷的激流与险滩之间，也分布着许多片宁静的水域。山谷有着惊人的美丽，如今也通过现代化的交通手段与外界相连。通过乡村旅游实现经济复兴，由此有了坚实基础。世界闻名的雪玉洞就位于山谷之中，因为独一无二的地质特征而享誉全球。

以前，偏远的环境给居住在此的人们带来了贫困，山路两边匿藏着的小作坊则在制造污染，也为和谐的自然环境留下了不和谐的伤痕。同时期的当地政府与人民虽然缺乏最基础的资源和技术手段，却仍有着改变命运的坚强决心。为此，他们即便面对巨大的困难甚至阻挠，却依旧依靠人力与坚定意志打造出了令人惊叹的奇迹。

龙河之畔的三建乡因为成功脱贫而闻名，并由此成为乡村旅游的中心。一切都跟成功的环境治理有关，镇子附近因此回归了美丽的田园面貌。这里有着占地 30 平方公里的乡村合作社。村里建起了漂亮的房屋供客人入住。富有特色的山石装饰、潺潺流淌的溪水，当我身处其间，甚至想起了年幼时目睹过的英国宁静乡间。2020年的海南美丽乡村博鳌国际峰会上，三建乡当选为"2020年度中国十大最美乡村"。

建于1972年的九溪沟桥全长140米，它横跨龙河，久负盛名，而且一直为当地交通服务至今。

九溪沟桥为石拱结构。当年，丰都县一心想要摆脱相对闭塞的状态，为经济复兴发掘潜力，因此才下定决心修建这座桥梁。上级曾一度

九溪沟桥横跨龙河
(摄影：詹姆斯)

第 4 章
环境：从"雾都"转型为绿色发展

否决了丰都县的想法，但当地政府仍然选择了开工。工人们克服万难，在没有专家指导与缺乏工程机械的条件下依然成功搭建了桥梁主体。他们用原始的人力手段搅拌水泥、吊装石材。最终，建成的桥梁名声大噪。1977年，九溪沟大桥荣获国家交通部和四川省政府颁发的重大科技成果奖，并被邮政与通信部发行的邮票收录为图案而传遍全中国。

龙河发源于武陵山区，最终汇入长江。武陵山脉盘踞在重庆市东南部，同时延伸进入邻近的两个省级行政区。因此，重庆市将武陵山区视为保护长江上游的生态屏障——能否保持当地的生态，将决定下游地区的环境安全与否。正因如此，丰都的龙河流域成为了国家级的生态示范区，乃是治理江、湖水体的典范。之所以得以成功，与附近兴旺化工厂的拆除有关——如今，厂房已被夷为平地，只剩下一座砖砌的烟囱提醒我们工厂曾经存在。在过去，兴旺化工厂以及邻近的水泥厂曾把龙河当作倾倒垃圾的天然场所。这样的情况持续多年，导致河水泛黑、臭气熏天，给诸多人留下经年不灭的记忆。2020年起，一项旨在治理当地环境的行动拉开序幕。兴旺化工厂及附近那座水泥厂排出的200吨工业废料得到清理，河岸两边的近70吨建筑废料与工厂旧址中的10余吨残余建筑垃圾也被妥善处置，不会对自然环境造成污染。

为了唤醒村民保护本地环境的意识，有关部门下足了功夫——这也是改善生态的重要一步，相关宣传涉及污水与动物粪便的正确处理和化肥的合理使用。大家的努力得到了回报，各位村民因为水果种植和乡村旅舍而有了新的收入来源，工厂旧址也变身成了河滨景观公园——当地人与外来客都可以在公园里的步道上漫步，或是骑着自行车沿着江水一路游逛，欣赏生态重建的美好成果。

如今，每天都有无数车辆从九溪沟桥上驶过。可以想见，过客大多都不清楚身下这座默默跨越河岸、藏身在深山翠谷之间的桥梁有何独特之处。那些了解身下桥梁独一无二结构的人往往都会停车片刻，欣赏20世纪70年代邮票上出现过的美丽景色。有些人选择步行走过大桥，感受桥梁那种似乎摇摇欲坠实际上安全无事的险峻。更有甚者干脆驾上汽车，在龙河两岸来回折返，只为反复体味附近的景色。九溪沟桥的存在，本就蕴含着巨大的创新意义。直至今日，桥上的交通仍然畅通无阻，只有仔细观察，才能发现桥梁设计细节中的微小欠缺——当然，这点小小的欠缺，让这座桥梁从重庆境内其他所有遵循正规原则、拥有完美对称和迷人外表的同类桥梁之中脱颖而出，显得尤为独特。

九溪沟大桥桥体靠近两岸的地方，存在明显倾斜的突出部分，桥面的连接之处也显得较为粗糙。可能因为当年的施工方无法在河床中设置支柱，桥梁两端的桥桩并非垂直立于水平地面，而是几乎倚靠在路边下方的山谷斜坡上。如此结构使整座大桥成了真正的奇观。这些显而易见的缺陷，并不足以抵消桥梁建设中的种种闪光点，更无损丰都方面的决心与意志——当地政府与人民即便身处最为不利的情形却也未曾放弃。他们只想通过九溪沟大桥的建成，将地区经济发展的主动权握在自己手中。

长江之中，有一片自然形成的长方形沙洲，总面积达到6.44平方公里。小洲直抵长江东岸，一条窄窄的水道将这座名为"广阳"的岛屿与旁边的大陆隔绝开来——两地之间的唯一联系，是一座平常无奇的小桥。走过小桥，可以进入岛上由森林、花海、梯田、湿地、清澈湖水和众多野生动植物组成的静谧世界。幽静如画的环境无疑是自然爱好者的心头所好。

小岛乃是历史遗迹，其源头可以追溯到抗战年间。2016年之前，广阳岛曾是城市开发的热土。不过，随着有关政策的下达，长江黄金水道的生态修复工程正式开启。国家不再鼓励在广阳岛的优美环境中开发房

广阳岛已被规划为生态保护区
(摄影：熊力)

地产。喧嚣一时正值盛期的各种房地产开发以及配套工程随之戛然而止。当时，开发面积达到 300 万平方米。不少植被已经遭到清理，只剩下光秃秃的平整土石，留待房屋的支柱搭建。

就在这个节骨眼时，房地产开发的进程被踩下了刹车。广阳岛正式被批准成为长江经济带上的绿色发展示范区，其命运也发生了完全的逆转。本书此前的内容同样谈论过重庆城乡的环境修复问题，比如旧社区与公园的翻修、人口密集区重工业的拆卸、遭到破坏的环境是如何变为生态美景典范，等等。不过，广阳岛的故事仍然与众不同。这个岛屿本已被规划为城市拓展的一部分，其命运却又发生了戏剧性逆转——趁着一切尚未到达不可挽回的地步，广阳岛走上了一条全新的发展路途。

广阳岛原名广阳坝，本是重庆境内第一处军用机场的所在地。机场落成于1929年，曾在抗战期间见证了无数战机在此起飞与降落。如今，岛上还有28处与那段历史有关的遗迹——包括碉堡、营房、旅舍、储存燃料的仓库、防空设施甚至跑道留下的斑斑遗迹。机场当年之所以选址于此，主要是为了防止汛期遭到淹没。与此同时，临近河流的地势也让军需运输方便了许多——要知道，那个年代的陆路交通可谓艰难万状。躲避军阀武装之间的纷争，也是广阳坝成为机场的原因之一。那个年代已经过去近一个世纪之久，要想完全复原无疑是个巨大的挑战。不过，重建后的旧时军营仍然得到了妥善的修缮，有着绿色的顶棚、毫无修饰的砖柱以及老式的木制家具——家具有着极简主义的设计风格，散发出独特的美感。四壁之上的历史旧照，会让各位访客产生一种回到过去、身临其境的感觉。如今宁静平和的岛屿为何一度得名"英雄岛"，大家也可以从中找出答案。

广阳岛的房地产项目被叫停，给了各位设计者与学者一个绝佳机会，让他们能在此地实践全新的环境管理理念。比如，新近开辟的稻田之下，开掘了一个蜂巢状的地下储备库——多余的雨水可以顺着土壤渗入其中，形成储备留作他用。如果遇上干旱或是某些水分快速蒸发的情况，储备的清洁水源就可以发挥作用。

其实，整个广阳岛都被改造成了一块"海绵"——通过一系列包括过滤、沉淀、储存、净化、利用和排泄在内的水资源处理手段，岛屿可以有效控制地面径流，甚至达到防控洪水的目的。有趣的是，"海绵城市"这个概念已然成为重庆等地城市居民生活中的常用词汇——每到河水猛涨、豪雨如注的季节，他们所在的城市总在试图加强自身的"渗水性"。

另一方面，各大城市又得趁着汛期与雨季储蓄水源，迎接来年较为干旱的时节。

2015年，"海绵城市"正式进入推广阶段，而重庆成为全国第一批参与其中的城市。当时，重庆的下水道系统已经覆盖全市范围内近四分之一的建成区，并已在防范洪水与内涝方面取得了亮眼的成绩。例如，整个城市都采用了透水地面，而路边绿地、林荫大道、城市公园和景观中心保留区在控制径流方面发挥了重要作用。

根据我在日常中的观察，"海绵城市"的一大成果在于市内公园。市区公园不但数量大大增多，质量同样也有了提升。在过去，我足力所能及的范围内只有沙坪公园这一个可供散步的去处（而且环境也不甚理想），鹅岭与枇杷山等公园距离我所在的地方实在太远，需要舟车劳顿半天方能抵达。短短几年后，无论你住在主城区的哪个地方，都能在足力所能及的距离之内寻访到那么几处景观公园，既方便又漂亮。其中不少都妙用原有的地形制造出了不少景观——比如穿越照母山的密林小道，或是俯瞰城市和嘉陵江方圆数公里之内景色的鸿恩寺公园。它们身处城市繁华中心地区却又是宁静的度假胜地。对于大多数人而言，步行范围之内还有大小不一的各种新建公园，其休闲健身设施十分完备，同时考虑到了普通人、老年人和健身人士的不同需求。

金州公园堪为其中的代表。公园地面覆有一层柔软的防雨材料，不但颜色五彩斑斓，还可以有效降低地面对于儿童和慢跑者关节的冲击。与此同时，相关材料也是"海绵城市"建设中的一环。公园中同时设有大量沙坑、滑梯与喷泉，可供儿童自由安全地玩耍嬉戏。成人则可以在健身柱与乒乓球台等锻炼设施那里找到乐趣。

位于沙坪坝中心的三峡广场也经历了一场类似的改造——广场中央原有一处象征长江与三峡大坝的景观装置。装置有些年头了，其中的水

雄奇山城
一个外国人亲历的新重庆

照母山公园巧妙地运用了原有地形，打造出许多宁静而优美的密林小道（摄影：熊力）

鸿恩寺公园俯瞰城市和嘉陵江方圆数公里之内的景色（摄影：帅世奇）

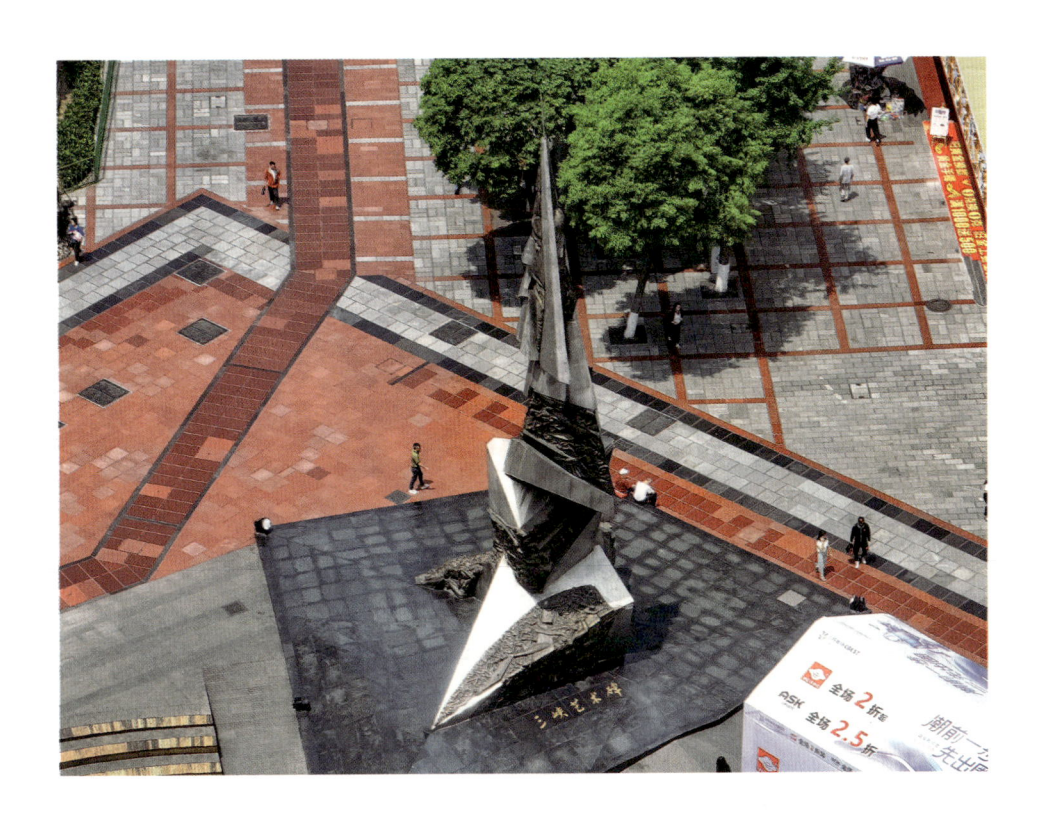

第 4 章
环境：从"雾都"转型为绿色发展

造型奇特的"三角碑"矗立在三峡广场中心（图片提供：视觉中国）

流顺着地势一路聚集，最终汇在那块著名的方方正正的"三角碑"下面的池塘里。经过重新设计，整片装置被改造成了一条"浅流"，两旁立着不少象征三峡文化的雕塑。每到夏天，这条 100 米长的"小河"旁边都是家庭聚会的场地。孩子们开心地玩水，各位家长则待在不远的绿荫中陪伴守护。绿地面积不断扩张，绝大多数市民都乐观其成。但是，"海绵城市"与相关设施的融合为城市建设提供的意义，还有待进一步研究与考察。

几十年来，重庆市民对城市环境的认识不断变化，对于生态保护的公共意识也是日渐强烈。我觉得，由此而生的一大有趣事实在于大众的"审美意识复兴"。从大的方面讲，这种意识体现在重庆市内各种新建公共建筑与设施——比如摩天大厦、一般楼宇、街边、景观、桥梁和隧道——的美好面貌之上。到了微观层面，同样的意识则通过愈发进步的内部空间设计、创意产品、时尚产业与潮流包装而大为突显。相形之下，20年前的重庆在城市建设方面更为注意工程的实用与效率，至于审美需要与建筑外观则是可有可无，甚至成为可以牺牲的代价——看一看当时遗留至今的某些市政设施，就知道我所言不虚。

2005年左右，重庆这座城市渐渐摆脱了被国际社会漠视的状态。我还记得，西方某新闻网站的一位知名记者就在那个时候造访过重庆，并对此地的发展速度大感震惊——世界上最大的城市之一进步如此之快而又如此不为人知。记者甚至就此表示重庆就是"世人不知晓的城市当中最大的那一个"这个论断，倒不是没有道理。记者发表的每篇文章和每个视频报道，我都怀着浓烈的兴趣一直追看。毕竟，这些新闻也和我在这座城市中独特的个人体验有关。同时，旅居重庆的少数西方人也跟我有着同样的感觉。

我还记得，十八梯景区即将封闭重建之前，一位亲戚曾兴冲冲地给我发来一段网络链接——一个英国本土的电视节目。节目中，著名记者约翰·辛普森正好身处十八梯，一位本地翻译陪着他在阶梯徜徉漫步。行走间，记者对于周遭环境给出了自己的评价，还和几位店主有过交谈。其间，辛普森询问了当地居民将来的去向，并惊讶地发现十八梯生活中的种种传统元素——公开营业的算命先生、兜售手工零食的小贩，以及人们聚在一起玩牌、打麻将或是在背街小巷欣赏录像带之类的娱乐活动。交谈中，许多街坊都对儿时光阴大感留念，非常眷恋曾经的家园。他们

第 4 章
环境：从"雾都"转型为绿色发展

既怀想这片古老的街巷，却也觉得重庆需要拆除一些类似的古旧街区，为现代化进程铺好道路。

2005 年，《卫报》也推出了关于重庆的视频报道，其内容也和这座"雾都"的飞速发展有关。报道持续了一天，采访的对象来自各行各业——其中有扛着扁担的力哥，有那些以清洗摩天大楼玻璃外壁为生的工人（工作期间，他们需要将身体吊在一条绳索上并在高空作业），以及每天晚上以在餐厅表演为生的驻唱歌手。城市踏着飞速的脚步走上现代化的路途，带来了许多天差地别般的对比——流光溢彩的商业区不远的地方，就是外来民工简陋的栖身之所。走出农村的新来者在一座大城市中遭遇的种种挑战，报道都有所提及。反正在我的记忆中，2005 年算得上是重庆的媒体元年。打那时起，这座城市愈发成为世界各地媒体的宠儿，它迅速的发展与巨大的人口体量都让人瞩目。

重庆拥有不少全新的高楼大厦。它们位于商业区之内，光鲜亮丽、惹人注目。我在前面的章节提到的重庆世界贸易中心就是其中之一。国贸中心落成后不久，我曾受邀前往那里参加为英国女王庆生的主题宴会。曾几何时，这座城市的大多数建筑几乎通通属于同一类型的箱型结构，无论居民区与商业区都是如此的缺乏想象力。它们有着同样楼面朝外的格局、同样裸露在外的混凝土、同样暗淡的油漆、同样简陋的瓷砖、同样黄黑一片的外墙，以及每家每户窗框那几乎一个样子的防盗铁窗——本意是为了安全，但有碍观瞻。就连年轻人对于外部世界日常生活的渴望，都那么一模一样。

那个时候，每在重庆城内走上一遭，我的眼睛都会饱受折磨（当然，如今这种折磨已不复存在）——看那一座座混凝土铸成的桥梁，看看头顶上时不时出现的梁柱和桥体，都觉得眼睛发酸。遍布各地的长长隧道，往往也缺乏最基础的美化和装饰。灰漆漆一片的内饰空间，就是我对它

雄奇山城
一个外国人亲历的新重庆

云端下的主城区（摄影：熊力）

们的唯一印象。桥梁所代表的巨大工程成就，就是将被崎岖地形分隔开来的不同区域串联一起，构成一个魅力十足的大都市。这一功劳，反倒因为灰暗的外表而被人忽略。

那个时候，街区十字路口附近的人行步道、无名路边、人迹罕至的路途以及山坡上住家边的小街也都缺乏亮点，无法为城市增添任何美景。夏天的烈日里，它们更显突兀。到了昏沉阴郁的冬天，所有路径则会汇进灰蒙蒙的背景中消失不见。

在重庆，老一辈人对于审美与设计都有些漠不关心。我的个人经验显示，他们打心眼里

第 4 章
环境：从"雾都"转型为绿色发展

就不在意这些事情。中国的经济发展源于 20 世纪 70 年代中后期，而那一辈人都出生在那之前。在我看来，中国西南地区的家庭生活中蕴含的代际差异之大，在世界范围内都属首屈一指——无论在经济、社交还是审美方面都是如此。由此而来的后果与冲击也是丰富多彩。当然，我必须澄清，我的观察仅仅限于中国的西南一隅。毕竟，我没有机会在中国其他地域生活足够长的时间，也不知道自己的观察是否适用于这个国家的其他地区。对于中国大西南的文化，我曾有一个误解，这个误解与语言交流有关。在西方，言语冲突是人与人之间紧张关系的表现，在中国的大西南却未必如此。我的太太和我的岳母常常在电话两端争执得面红耳赤，话题不过关于一些鸡毛蒜皮的小事。她们的争执让我一度十分不安。出于关心，我总会询问妻子，她和岳母之间产生矛盾的原因。对此，她总是不明就里，不清楚我到底是指什么矛盾。妻子出生在 1983 年，岳母则是 1952 年生人，两位女性正好位于中国经济改革历程的不同阶段，似乎也是这种巨大代沟的具体表现——许多年之后的现在，这条鸿沟似乎逐渐被发展所弥合。

话到此处，读者有必要了解一下出生在 20 世纪中期的那一代中国人所历经的社会环境与经济条件。本人是"80 后"，在英国出生长大，自然缺乏相关的生活经验。不过，我妻子的家庭成员倒也和我分享过他们的早年经历，通常充满了各种辛酸，集食品短缺、药品缺乏、电力缺乏、交通不便和教育机会的缺乏于一身。而且，他们还必须从事大量劳动与建设。有一位亲戚曾在 20 世纪 60 年代末期参与襄渝铁路（连接重庆与湖北省的襄樊市）的修筑，一干就是一年多。她的工作一度是铺设炸药，听力因此大大受损。她的父亲则在部队服役了 10 多年。一次，他接受阑尾手术的时候，不幸被糟糕的卫生环境与医疗水平所累，腹部留下了一道 6 英寸长的伤疤。那条黑色伤痕至今未退，仿佛一处不灭的纪念，提醒大家曾经的艰难岁月。

　　艰难的岁月，使那一代人形成了独特的价值体系，它有助于人们度过那个时期的苦难。可是，进入发展与经济繁荣的新时代后，不少人的另一只脚却仍然陷在过去，久久拔不出来。年轻一代的生活方式与心理，他们永远也无法理解。代际的对立长期以来都是各式各样家庭矛盾的根源——矛盾既可能是心灵上的创伤，有时候甚至会以激烈冲突的形式爆发出来。一些无足轻重甚至引人发笑的小小冲突，可能也和这种代沟有关。

　　可是，老一代人发泄不满的方式往往较为直接与极端——这一点确实让人不安。如果他们对于晚辈的学业表现不满，或是收到教师对自家孩子的差评，又或者遭遇子女的直接顶撞，他们的反应常会一发不可收拾。我只能从相关的书籍中回望曾经的艰苦时代，从我的中国亲戚那里听闻当时的种种细节——当时，他们都是在艰难求存。一个时代的伤痕，多多少少都会影响每一个亲历者。

　　我的妻子与家庭的关系较为紧密。面对长辈的批评与责难，她总习惯用严辞厉语予以辩解。经过多年的提醒与调解，她的这点性格特征总算有所缓和。不过，我倒是习惯时不时地温言提出一点批评意见，只为刺激她作出回应，而后，我总会被她一再逼问，不得不表示刚才纯属一个无伤大雅的玩笑。当然，我可不是在恶意引战。我只想通过自我修正的心理策略，消弭妻子的过激反应，将我们的相处模式导入平和之中。我也清楚，妻子的"小毛病"只是一种心理防御机制，是她在幼年因为害怕长辈体罚而形成的习惯。直到她成年，可以免受皮肉之苦后，这种习惯才慢慢缓解下来。

　　金钱问题与消费主义的价值观，也是"50后"和"80后"两代中国人之间抵触的一大成因。相关的冲突形式可谓多种多样，老一代人曾为日常的生存挣扎奋斗，过往的经历让他们牢牢记住了一个终极法则——

第4章
环境：从"雾都"转型为绿色发展

每天节省一点点，第二天的生存才会更有保障。每次购物的唯一目标都在于以最低价格采买物品，至于物品的质量与其他因素都属无足轻重而不需考虑。我并非夸张，如此的思维定式植根在老一辈中国人的心中，并一直保存至今。由此而来的后果数不胜数，有些甚至让人感到悲哀——比如，老一代人总不愿意丢弃家中那些毫无用处的垃圾，还习惯把纸箱和塑料瓶囤积起来以供卖钱。他们出门往往不会花上哪怕一分钱——偶尔的例外，也只会发生在本地农民的集市上面。

我花了一些笔墨探寻老一代中国人的心理，为过往重庆城市生活当中审美意识的缺席找到了必要的历史背景。对比过去，国际化的景观设计与概念已在中国蔚然成风、广为接受。重庆这座城市也已完全觉醒，意识到了富于魅力的城市景象在市民争取高质量生活过程中的重要地位。在过去，城市规划部门的首要目标是用最为低廉的手段提供最为实用的价值。与此同时，他们处于较为孤立的状态，与国外同行之间缺乏交流。直到城市发展到达一定阶段，情况才有所改变。

本文动笔期间，渝北区境内的几处立交桥裸露在外的桥梁结构之上都被覆盖了一层五彩斑斓的涂鸦——如此一来，各位驾车经过的司机再也不用忍受绿意盎然、树木成荫的路边与光秃秃、脏兮兮的桥身之间的可怕对比了。诚然，重庆的基础设施一直都在尽职尽责地为市民服务，但有些外形不够美观，也给大家带来了小小的遗憾——如此遗憾，早就存在多年。大家都曾真诚希望，有关部门能够意识到这个城市亟须改变的症结所在，能够早日为它换上更为靓丽的外形。

近来的一篇新闻，正好证明了大众的相关心理。文章站在普通人的角度，公开承认了城市环境的美化对于大众心理的那种微妙的助益——这种感觉，我一直都深有体会。只是苦于才疏学浅，不能运用最为恰当的言语表述出来。五颜六色的装饰总算让那座立交桥能与周遭环境和谐共存而不至于辣人眼球，也不至于太过出位而导致过往司机有所分心。有趣的一点在于，立交桥之上的行人空间如今也大多经历了一番同样的景观美化，其颜色方案与桥体本身完全一致。美化方案涉及人行道地面、健身设施与座椅，致力于打造一个光鲜的整体环境，但又让人们不要冒着丢掉生命或者肢体残废的危险贸然接近公路一侧。

提及重庆境内的桥梁美化工程，九龙坡区境内的滨江路段绝对值得一提。行已退役的海军"166号"驱逐舰如今已是重庆建川博物馆的重要展品，将会永久停泊在滨江路桥附近的江岸供人参观。正因如此，这段路桥的外表面与梁柱都被精心地涂上了一层天蓝色，还绘有战斗机、巡洋舰以及其他武器装备为主题的各种图案——这样的景色，与周边博物馆的主力藏品正好合衬。同一地区的九龙海滨广场也是众多市民热爱的人流汇聚之地。孩子们蜂拥来到这里，只为体味其中游乐设施的多彩与刺激。只要江水不至于暴涨太多，广场都可以对外开放。广场的人行道上，装饰着一条长199米、高2.8米的青铜卷轴。它面向长江，描绘了这条河流自青藏高原发源，又在重庆境内留下三峡美景并最终汇入东海的壮美历程。

重庆经济崛起的过程中，市内的各种隧道总在扮演重要角色。有了它们的贯通，一些在过去曾经身处荒僻的区域方才成为城市发展的目的地，聚集起贸易与人气。城市扩展期间，许多隧道都在修建过程中创造了工程学上的奇迹。它们的深度与大小尤其让人惊叹。有时候，施工方竟然在深山之中开拓数十公里，辟出一条双向6车道的通衢。我每次驾车驶入类似的隧道群，当那种脱离阳光与宽广视野之后陷入黑暗的幽闭感袭来，我便会转而感叹：要建成这样的工程，人们需要克服怎样的技术难题？需要付出怎样的艰辛？然而这些努力和艰辛，对中国人而言似乎都已习以为常。

第 4 章
环境：从"雾都"转型为绿色发展

这艘"166 号"驱逐舰在九龙坡区，退役前为中国海军服役了几十年
（图片提供：视觉中国）

　　隧道空间虽然需要追求美观，却也有其他的考量。两种追求之间常常发生冲突，需要仔细平衡——空间在保证环境美化的同时，还必须设置一些让司机警醒的元素，又不能给来往司机造成不必要的干扰。隧道内部空间还需要定期维护，维护时既要保证从事隧道定期维护工作人员的安全，又要避免干扰过往司机。

167

在重庆主城区，隧道内饰被统一成黑色。相对过去那种毫无美感的水泥灰，这样的涂装已是一种较大的进步。与此同时，大多数隧道的侧墙都装上了米色的面板。相比以前，这些高约3米的装饰物更不容易成为灰尘累积的表面，还可以通过喷水装置轻松洗净。当然，隧道顶端本就是美化工程的着力重点——相关的设计可以带来美感，却又不至于影响司机的视线。

"星光大道"这个名字听上去似乎应该是好莱坞的某处近郊，其实却是渝北区境内南北向主干公路中的一条隧道，正从附近照母山森林公园标志性的佛塔旁边行过。在这条隧道的下方，还有高铁线路穿梭而过。隧道的名字与设计十分合衬，设计者在这条单面长度达到600米的双向隧道顶部安装了超过1.3万盏LED灯，闪闪烁烁犹如满天繁星一般。星光大道采用的灯泡具备节能、长寿的优点，还能适时调整亮度以保证司机们能够专心驾驶。位于江北国际机场东部的龙兴隧道历史更短，采用的内饰也更为大胆。3公里的长度内被LED彩灯点缀得满满当当。彩灯总在不断变换颜色和图案，营造出极具未来感的灯光秀。龙兴镇所在的"重庆两江协同创新区"也是智能产业与技术院校的聚集地，而隧道的灯光秀正好与其科技氛围相呼应。

美化工程已经遍布重庆的每个角落。在某些地势较为起伏多变的城区路段，过去那些有碍观瞻、妨害街景的水泥墙壁得到了很好的修饰，景观林木已然立于墙体两侧。墙身上也覆好了一层厚厚的常青藤。某些墙体甚至成了盆景植物生长的园地，从头到脚都被绿意铺满。市内的许多公路干线的两旁也成了植物园一般的葱翠之地，为来往司机提供了一场视觉上的盛宴。春去秋来之间，高速公路的两旁与路中央的绿化带甚至会呈现出一片无上的自然美景。这种景色会在初春达到美的顶端，随着桃花的一路盛

照母山俯瞰渝北高新区
(摄影：熊力)

开而显得万分灿烂，堪与日本和韩国任何一处地方的春色媲美。时至晚秋，黄叶簌簌地飘落地面，仿佛一场金色的迎接仪式在告知冬天的到来——目睹这幅场景，大家也会感受到时令的变化。如上的美景，当然需要大量的资金投入，同样需要无数的园艺工人日日维护，无论天气是晴是雨还是阴天，他们都必须出勤。反正我每一次看到他们在路边忙忙碌碌，都不由得心生敬意。目睹他们面对滚滚车流却还专心致志的样子，我甚至会为他们捏一把汗。

雄奇山城
一个外国人亲历的新重庆

巫山机场海拔1700米，拥有独特的文化底蕴（摄影：詹姆斯）

重庆街头的公共艺术和雕塑可谓五花八门、品类不一，有的复杂而含义深远，有的则相当随性而怪异。沙坪坝是重庆传统的教育区。抗战期间，重庆成为中国的战时首都，沙坪坝则荟聚了大量的高等学府与名校。在三峡广场的街道两旁，游客可以发现许多铜铸雕像，每尊雕像都描绘了一位著名学者或者革命先烈的形象。有些雕像下面还有名流们留下的话语，字字句句都是对于年轻学子的勉励。

于我而言，重庆境内最富创意的雕塑作品应是"神女惊姝"。这个作品由湖北雕塑协会的

第 4 章
环境：从"雾都"转型为绿色发展

艺术家设计并创作，目前矗立在海拔高度达到1700米的巫山新机场，与那里赏心悦目的景色完全融为了一体。巫山县因为"神女"的古代传说而闻名。据称，神女化作了一尊山峰，只为引导她所爱的凡夫俗子所在的部落免遭洪水之祸。雕像的创意正好源于汉字"巫"的形状，字体中的两个"人"被艺术家塑造成了两位仪容优雅的侍女。两条横线外加一条竖线构成的"工"字则代表着产业与奋进，也象征天、地、人之间的和谐共处。同时，雕塑还突出了漫山遍野的巫山红叶景色——这可是当地的一张名片。时节一到，长江两侧的山坡上尽染红色，十分艳丽好看。

巫山红叶以鲜艳的色彩点缀着整个长江两岸，是该县的一张著名名片（摄影：帅世奇）

171

当然，重庆街头的雕塑也不乏怪异的代表。解放碑附近曾经有过这样一尊作品。雕塑的主角是一位通体泛绿的外星怪物，它高达数米，看起来还算友好和善——当然，路过的本地人民却对它并不感冒，每天都从雕塑的身边匆匆行过，少有人会驻足观看或者合影留念。数年过后，这尊"天外来客"悄无声息地被"请"出去街道了。它没有留下任何痕迹，仿佛根本不曾存在过。九龙坡区的杨家坪步行街上，倒有它的不少同类存在——步行街的某处角落里，四尊"忍者神龟"的铜制半身像仿佛正要从下水道中钻出来，脸上都还带着明显的笑意；另一尊铜像则描绘了整个身体悬在皱巴巴的巨型牛奶盒上的男孩——他双手死死扒住盒子的边缘，已经顾不上被脱下的短裤和暴露在外的臀部；广场中央还有一尊蓝色的巨人，巨人手中擎着山茶花树，山茶花正好是重庆的市花，就像橡树让人想起英国一样。只可惜，大家目前很少会把重庆与山茶花树联系在一起。巨人的样貌似乎有些"浩克"的神韵。和解放碑那位天外来客不同，他倒是有幸一直留守杨家坪，享受着附近人民的喜爱。时至今日，大家仍然可以看到人们聚在"巨人"身边拍照的情形。

长江水道的禁渔令

重庆居住环境的变迁发生在方方面面：拆除污染工厂、重整生态环境、翻修城中的古旧房屋、美化建筑与基础设施、创新"海绵城市"的理念、为市民在居家附近开辟更多的公园、驱散雾霾带来蓝天白云、消灭"死水"而让溪流重新焕发流动的活力……如上的种种成就，相信会在读者心中强化一种信念——重庆不仅是重要的国际经济中心，同样也是生态保护的前沿城市，如今来自全国乃至全球各地的人们都希望生活于此。请注意，这里的人们可是从极低的起点开始，克服了难以想象的

第 4 章
环境：从"雾都"转型为绿色发展

困难，方才达成今天的成绩。想要了解其中的艰辛与努力，必须从历史角度全盘回顾事件的始末。而后，我们才能体味当地人民的坚强意志、不懈尝试以及有关部门引领社会的巨大决心。唯有如此，读者们才能像我一样，对于重庆公众在此过程中面对喧闹与无序表现出的忍耐致以无上的敬意——我相信，绝大多数国家的公众绝无可能做到这一点。如今的累累硕果，恰能说明当初的牺牲有所值。随着重庆的环境保护与经济发展愈加并行不悖，前者所涉及的领域愈加广阔，政策也更加有力。一项长达 10 年的禁渔令，即是其中的代表。由此，重庆境内的长江及其诸多支流将重新变为水生动植物生长繁衍的乐园。接下来的 10 年之内，重庆定会取得比过去 20 年更大的生态伟绩。对此，我感到三生有幸。作为一位外来的普通市民，能够生活在这座城市并亲眼见证如此规模的生态环保革命，不能不说非常神奇。

  长江被认为是中国的"母亲河"，为沿岸的数亿人口提供日常生活用水，也是他们生计之所系。长江这条"黄金水道"所涉及的经济区域同样十分重要，几乎已经占据中国国民经济的半壁江山。过去的长江还是生态多样性的保留地，如今野生数量已经低于 2000 只的濒危物种白鳍豚曾在长江水流之中随处可见。中华鲟曾在这片水域里生存了 1.4 亿年。这种一度演化到惊人长度的鱼类，却在数十年前陷入数量急剧减少的危机。人类的活动乃是其中的肇因，比如建设堤坝、倾倒废水以及过度捕捞都在恶化生态环境，也让长江一度遭遇水生动物集体灭绝的危机。危机当前，中国当局下定决心，要在长江经济带施行为期 10 年的全面休渔期。唯有如此，水域的生态环境才能得到修复，造福子孙后代。一般而言，三四年时间便可初步完成鱼类的生殖循环。10 年的休渔期由此可以惠及三代水生动物，而后，长江的鱼类储量将得到提升，重新成为水生动物的乐园。

要想达成目标，必须得到渔民的理解，同时妥善处理他们的生计问题。相关渔船也必须纳入管理。2021年1月1日起，禁渔令即在长江及其支流与附近水体生效，截至2021年9月，重庆全市共有5342艘渔船因此"搁浅"，10489名渔民退捕上岸。截至2022年6月，已有7626名渔民成功转换身份，找到了更为适合的营生。而所有受到禁渔令影响的人员，都已被纳入社会保障系统之中，其生计得到了有力的"兜底"。

罗久明就是这样一位渔民。他的祖父与父亲都从事渔业，到他这一辈已经历经三代。20多年以来，他都在北碚区的嘉陵江水域以此为生。休渔期日益临近，罗久明也见证了江中获物日趋减少的历程。他还发现，水质的恶化同

鸟瞰长江、嘉陵江（摄影：王金城）

第 4 章
环境：从"雾都"转型为绿色发展

样也在威胁鱼类的生存。接受采访的时候，罗先生亲陈自己从未见过一条野生的中华鲟——这种鱼类，他的父亲有幸曾在野外见证。可是，它们在他的父辈活跃在江上的时候就已逐渐消失。禁渔令实施之前，他的家族就已将渔船拖拽上岸，最终只能作为废铁出售。而后，罗先生受雇成为渔业局的巡查员——罗久明能够得到这个职务，与他相对较年轻的年纪和对于水道的熟悉有关。如今，他天天都会驾船从北碚正码头出发，在区内的嘉陵江水道上来回巡查，确保禁渔令得到有效实施。有时候，罗久明还会陪同西南大学的研究人员考察嘉陵江北碚段

罗久明和他已停用的渔船
(摄影：詹姆斯)

的生物多样性情况，并协助他们从江中采取水样检测水质。重庆市境内共有41处水文监测站，而北碚坐拥其中之一。在这里，有关人员可以就辖区内鱼类的种类展开研究，同时监测并预防外来物种入侵，并对未来鱼种进行优化和基因改造，以期提高其繁衍生存的质量与数量。人工培育，是濒危物种复兴的重要手段。中华鲟等动物从中受惠甚多。仅在2021年之内，就有2000万条经过选育的鱼类重新出现在重庆境内的大小河川之中。禁渔令实施以来，已经取得了蔚为可观的成果——水生动物数量大增，胭脂鱼和岩原鲤等濒危物种在野外被人发现的频率也有所提升。

即便从世界范围内计算，如此的"停摆"也是前所未见。由此而来的重重挑战自不待言——休渔期不但需要相关的专业技能与资源投入，还对市场主体的规范提出了要求。请注意，整个重庆市拥有的河岸地带长达4万公里，近100万居民依赖渔业为生。休渔期一到，不少捕鱼活动可能转入"地下"——渔民可能将主战场从主要河道转向小型水域，同时用上一些更为隐蔽、更不易发现的捕捞手段。为了保证休渔效果，有关部门组织活动，向公众仔细宣传这种休养生息政策的必要性——这些活动包括媒体见面会，也会通过报道和传单开展。由此一来，业内人士可以了解政策的细节，从源头上杜绝非法捕捞、交易与消费。

本章最后一例重整生态环境的成功故事，在于重庆人民对生物多样性的愈加注意，以及大众对自身福祉更多的关心。唯有身处深山绿岭的高处，俯瞰远处的河川与天空，方能感觉到重庆环境的独特与可贵。这里有着独一无二的地形，数条山脉在市内平行绵延，自西南向东北长达数百公里。山岭之间，遍布着无数繁荣肥沃的槽谷。每片槽谷都长达20多公里。每年春秋两季，候鸟都会往来于东南亚与俄罗斯亚洲部分两地。

第 4 章
环境：从"雾都"转型为绿色发展

重庆境内的地理环境，正是辅佑它们跟上大部队的标记。同时，强劲的热空气产生的托举作用，也能大大地助鸟儿们一程。

候鸟密集的时期，每天都有近万只鸟儿飞跃重庆的天空。在过去，很少有人注意到这一点。感谢重庆市观鸟协会与陆海国际基金的努力，两大组织为观鸟迷与自然爱好者精心准备了丰富的公众活动，也得益于重庆市内各大学校、社区与企业的努力，重庆如今已经推出名为"鹰飞之城"的明信片。

一只东方凤头蜂鹰在迁徙途中飞越重庆（摄影：项科）

过去 10 年来，重庆在改善大气环境方面进步明显，年度空气质量达到"优良"的日子总计为 326 天。明朗的天气也给候鸟创造了有利的自然环境，也让观鸟迷们可以更轻松地投入自己的爱好之中。未来，陆海国际中心即将筹建"中国观鸟协会"。由此一来，处于同一条候鸟迁徙路线上各大城市的观鸟爱好者可以共享观测成果、互通有无，一起目送众多的候鸟完成它们长途漫漫的空中迁徙。

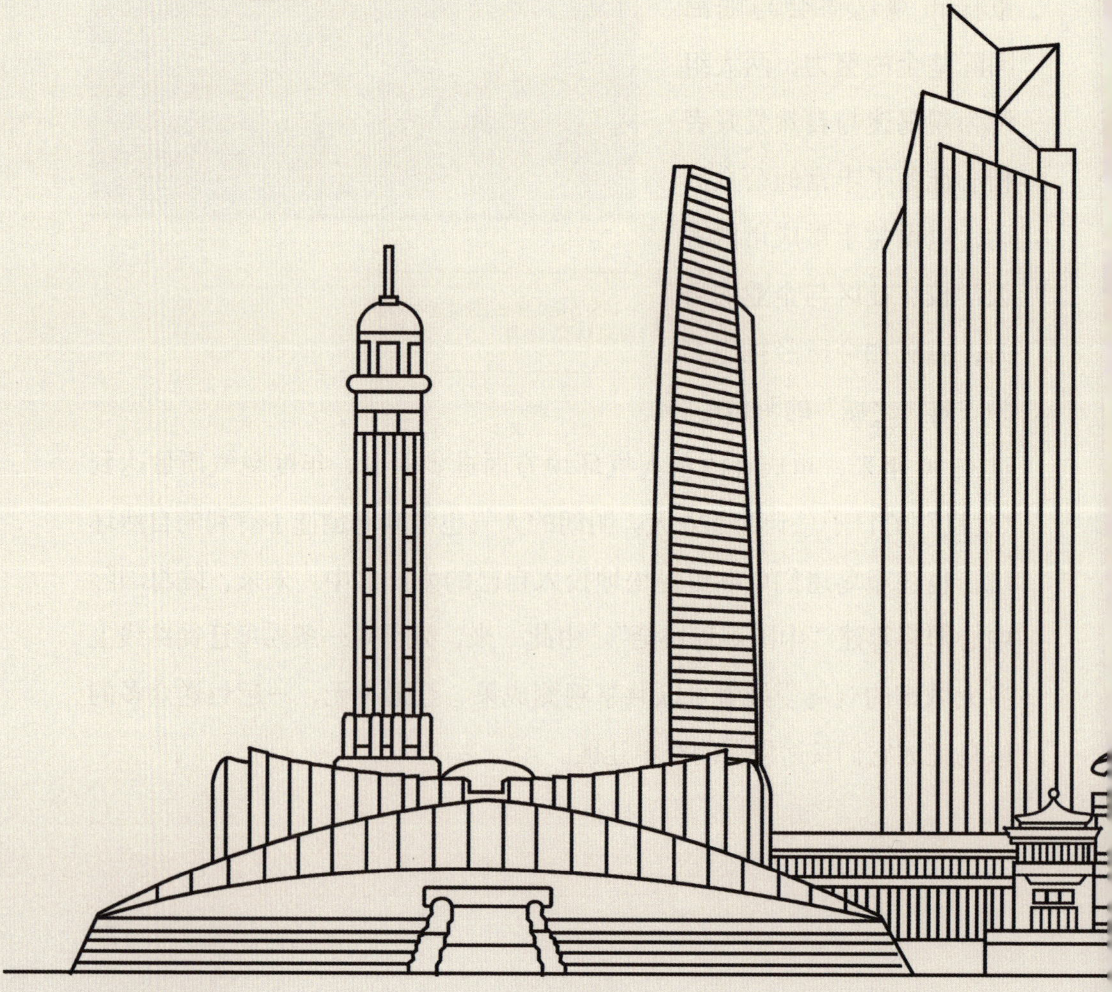

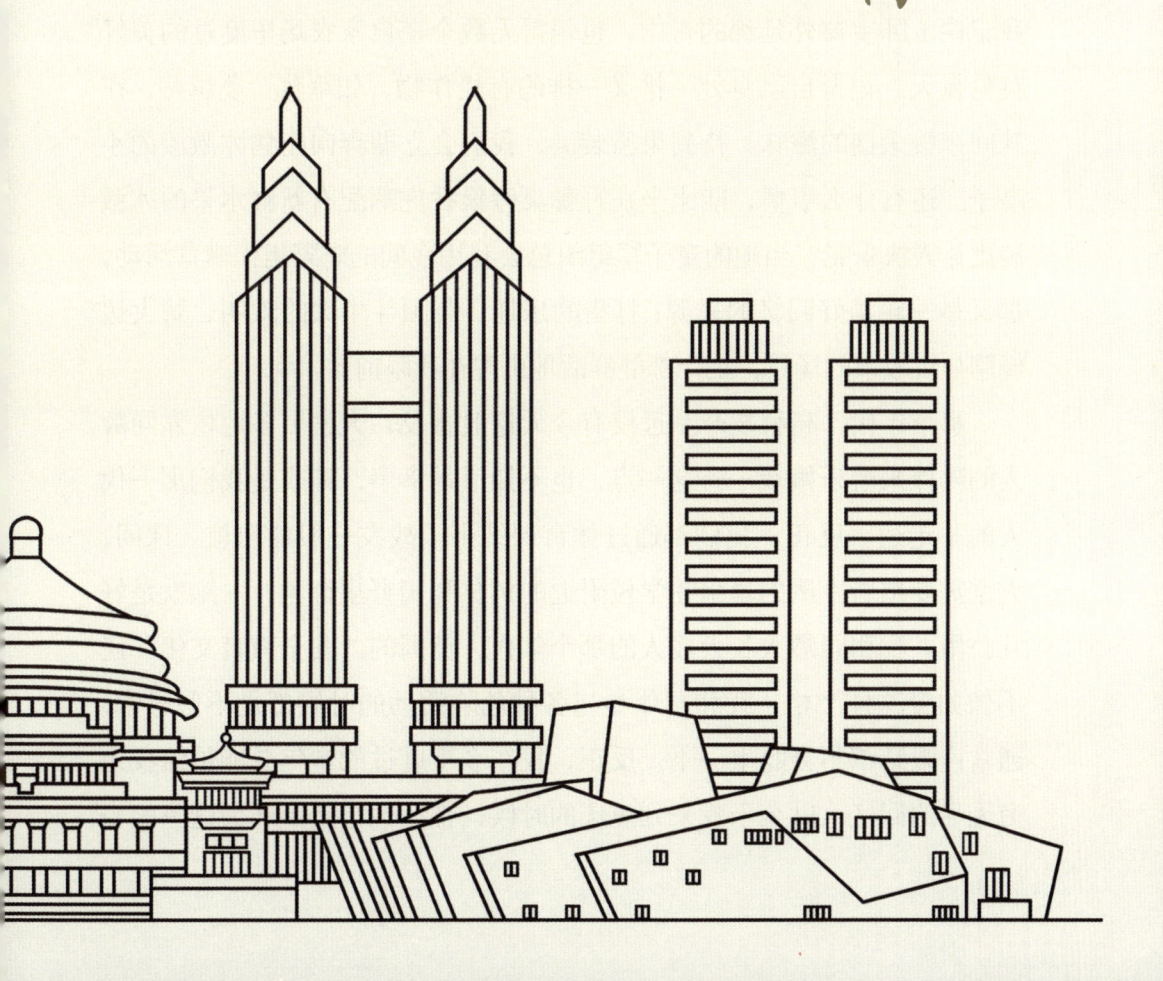

第 5 章
乡村：从自力更生走向繁荣振兴

记忆中的乡村

我初到重庆的那几年，乡村旅行还并非一种大众休闲方式。除非是传统节日、走亲访友等，城市生活的人们很少涉足农村，即便要去，一般也限于热门旅游路线覆盖的那些地段。无论当地人如何看待田园生活，对于乡村的态度是正面还是负面，于我而言，乡村始终令人眷恋，也是我人生不可缺少的根源所在。当然，后来的婚姻生活让我有机会走进中国的农村，由此领略了这个国家城乡差异的所在。我童年的大部分时光都在英国莱斯特市西郊的一个中等规模城镇度过。在那些青葱岁月里，我记住了卧室窗外延绵的青山，也记得无数个在自家农场里度过的美好英伦夏天。记得自己身处一排又一排的有机作物，如草莓、蔓越莓，在其间穿梭采摘的滋味。待到果篮装满，我们会立即奔向出售冰激凌的小亭子。还有什么事情，能比坐在野餐桌旁狼吞虎咽配有新鲜水果的冰激凌更让人快乐呢？当地的童子军组织总会利用乡间的旷野组织露营活动，那又是一轮美好回忆的来源：打猎的乐趣、英国斗牛犬的欢叫、篝火边畅聊与讲故事的场景，至今都能鲜活地出现在我眼前。

那个年代，高科技产品远没有今天这般普及，大家更多地依靠同龄人的陪伴来游乐嬉戏——这一点，也不知道是幸事，抑或是我们那一代人的不走运。反正，我们都通过体育课结下了战友一般的情谊。课间，大家需要顶着冷冽的暴雨在学校附近的树林和田野里奔驰，一跑就是好几公里。我和同龄人长大成人的那个年代，英国的"安全教育文化"还不像如今这样严格，我和同伴参与各种危险活动的时候都是不假思索，通常连眼睛都不会眨上一下。反正，我在乡下度过的童年总能带给我无穷无尽的回忆，以至于我来到重庆的时候，都还想当然地认为这里的乡村生活大概也差不多。

第一次有机会接触了中国的农村与山区后，我才发现当地的样貌其实和我的家乡大不一样。2003年10月，我在中国度过了自己的第一个国庆黄金周——当时，我来到重庆还不足一个月。一位热心的同事邀请我前往四川西部的海螺沟冰川公园一游，而她的不少亲戚朋友将会接待我俩。就这样，我俩在成都歇了一夜，而后搭上夜班大巴奔赴甘孜藏族自治州境内的磨西古镇——海螺沟公园的入口正在此地。近年来，古镇得到修缮而变得面目一新。1935年，毛泽东领导中国工农红军进行长征期间，曾在磨西古镇附近逗留休整。因此，此地也在中国革命史上有着重要地位。

我们的海螺沟之旅持续了两天。当地的景色让我印象深刻——松林密布的深谷上方，是一片幽蓝静谧的天空。天空下方，又有我们入驻的美丽温泉酒店。海拔高达7556米的贡嘎山就矗立在景区不远（距离只有14.7公里）的地方，雄伟的山形时隐时现。海螺沟冰川的主山海拔有3900米的高度，也是我亲眼见过的第一座雪山。在我关于游历与远足的丰富回忆中，这段日子也令我难以忘怀。

这次大巴之旅，让我有机会接触不少同路的游客。不过，他们给我留下的印象并不算特别良好。旅途中，很多游客都被晕车所扰，一路上都在对着车上自备的透明小塑料袋大呕特呕，而后又打开窗户将装着呕吐物的塑料袋丢弃到车外的风中。有一次，坐在我前面的那位同行人士实在有点不够体贴，他只管自顾自地尽情伸直身体，导致身下的座椅完全向后倾斜，把我牢牢地挤在后排位子上动弹不得，只有很小的活动空间。

大巴一路都在登山，道路只能说是令人大失所望。山边的悬崖有近千米高，路旁却没有哪怕一寸的护栏。路边的卫生间属于旱厕，同样脏得不像样子，而且蹲坑之间没有隔板。尽管如此，各位同行人士倒是毫无羞赧之意，我的不适感觉也因此进一步加深。

当然，整段旅程中最为疯狂的一幕发生在我们离开海螺沟的时候。这里的交通摆渡车实在罕见，大批游客不得不聚集等待，漫长而拥挤的队伍最终引发一场混乱事故。好些人在车门之前互不相让、你争我夺，另一些干脆扒开车窗，踩着车轮与窗框而直接钻进车内。还好，我和旅伴还有机会以较为传统的方式登上公交并安坐下来，汽车随后立即开动。

正在其时，我发现另一辆汽车已经着了火，黑烟滚滚直冲天空。最后，那辆车烧得只剩下一副金属架子。当时我俩只想尽快赶回摩西小镇，来不及关心另外那辆大巴之上各位旅客的命运。这是我在中国第一次目睹如此严重的事故，还好也是最后一次。不过，考虑到当时我刚到重庆不过两个星期，这一事故在我心中的印象实在难以湮灭。

几个月后，我又得到了亲身体会重庆市内乡村地界的机会。那一次，我去了开县，后来又曾多次因为探访未婚妻的亲戚朋友前去合川。开县与合川有地域之别，但我的游后感却是一模一样——乡村公路都没有水泥路面而光秃一片，交通都是十分不便，小汽车也都无法开进村子。大家都只能下车步行，沿着泥泞小径在家禽密布的稻田两边跋涉大半天的时间。村里的房子不少都是土砖垒成，只有少部分幸运者能为自家居所装上木质结构甚至混凝土的墙。

乡村厨房里都有那么一口大铁锅，锅下蒸腾的火焰则来自木柴的燃烧。铁锅不但用于烹饪，还要担起烹煮热水的任务，而生活用水来自村中的水井。有了大锅的热水，人们才能享受沐浴。澡盆通常都是一口不锈钢的深锅，还配上塑料杯与毛巾以供擦洗身体。

隆冬时节，家里的老人只能缩在原始的煤炉子旁边，就着红中带着橘色的火焰取暖——每家每户都囤积了大量煤炭，堆在门外，高度几乎能与屋檐平齐。农村的厕所没有自来水，人们只能用桶盛满水来冲马桶，

第 5 章
乡村：从自力更生走向繁荣振兴

对了，这里的厕所也有堆肥的功能，也算物尽其用。

牛儿白天负责耕田，晚间则栖身在狭窄的牛棚里。至于家养的猪则一天到晚都锁在猪圈里吃个不停。鸡鸭倒有在房屋与庭院之间四处活动的自由。它们显得悠闲自在，一点意识不到将来会被当作食物的悲惨命运。

每处农家都有由水泥打造、表面倾斜的室外洗衣槽，洗衣的工作必须由人力完成。每户人家也都在养狗护院，一有生人经过，它们就会卖力地吠叫开来。当然，咬人的事故似乎从未发生。

这里的邻居都很好客，常常招呼我们去他们家坐上一坐。可惜，我们通常都要匆匆赶路回城，只能接过他们递来的甘蔗，聊上那么几分钟，然后看着他们悻悻地重归寂寞。对了，这里的食物很是健康，大多来自周边的土地。农家的厨艺同样不可小觑。当然，他们家里的酱料与调味品可能来自城里亲戚的馈赠。

农村人的生活方式与户外体力劳动息息相关。可能正因如此，农村地区八九十岁的长寿老人并不罕见——他们身体健康、耳聪目明，甚至还保留了每天饮用不少米酒的习惯。当然，相对城市人口而言，农村居民的生活明显要拮据与单调许多。那个年代自给自足的中式田园生活并不足以引发城里人的倾慕，于我而言，在中国农村住上一晚都有些难以承受。

10多年过去了，重庆的农村历经快速的发展。我的足迹渐渐遍布巴渝大地的各处乡间，也感受到其中的变迁。虽然，如今重庆农村的生活方式并未出现太大改变，但是，其中的舒适度却有明显提升。无论身处重庆何地，都能感受到这一点。

农村的年轻人大多在某个年纪离开乡村，前往城市追求事业和更好的生活环境。不少家庭甚至举家进城，摇身一变成了"城市人"。农村由此冷落了不少，四处可见荒废的宅院。留守乡间的农家也在享受稳定可靠的电力、煤气、自来水。他们还可以通过卫星电视，自由收看地球任意一个角落传送而来的外语电视节目。对此，我的印象尤为深刻：10多年前的某天，我碰巧和一位八旬老人在某乡村的起居室里共同度过了一个下午。我和老人并不熟识，当时甚至也没说过几句话。我只记得他懒洋洋地盯着电视，收看半岛电视台关于耶路撒冷阿克萨清真寺血腥冲突的有关报道。显然，陌生的语言、地理、历史都让老人摸不着头脑，他甚至无法理解其中的重大意义。不过，投向那个陌生世界的这一瞥，一定也是他心中难以磨灭的记忆。

我有过很多相似的经验——其中一次出现在合川，当时，我拜访了我未来妻子的亲戚朋友，并在当地逗留了一夜。请注意，男女朋友互相"串门"这回事在西方没什么大不了的，但到了中国却有"见家长"的重要意义——包括我在内的大多数外国女婿或媳妇都意识不到这一点。要知道，"见家长"和"见亲戚"在中国可是两人正式缔结婚约的前奏，面对爱人的类似邀约实在应当谨慎处理。当然，"80后""90后"的中国父母肯定会有更为开明的态度，这一点我非常肯定。

而且，新一代父母的开明思想肯定不限于此。他们总希望更好地教育子女，让下一代免于自己年轻时候曾在旧时教育体制之下受过的种种苦楚。他们更鼓励子女根据自身兴趣投身课外活动，不会一味专注课业表现而忽视下一代的体育锻炼，也更希望孩子能有机会四处游历，开阔眼界。

时间回到20年前的合川，当时的我稀里糊涂地陷入了一群中年妇女的"包围圈"，她们是我未来妻子的亲戚。她们带我来到一处房间，开始了一次推心置腹的交谈。其间，大家都很想知道一点——我到底是来自英国的农村还是城市。很不幸，我当时尚不清楚这两种身份在中国的重大区别以及其中的负面含义，只是老老实实地表示：我的家乡是一个小城镇,四周都被广袤的田园所包围。我还告诉各位长辈:英国的农村令人神往,那里房舍精致、原野开阔,还能看见不少靓车。这些车都是城里有钱人的,他们宁愿天天住在乡下。对方的有些问题实在直白,比如,我是不是抛妻弃子来到中国,其实在国内还有家眷?对此我当然一口否认。还好,英国总领事馆签发的独身证明能给我清白,有了这份证明,我与妻子这样的跨国夫妻才能拿到那本红色的结婚证。接下来的10分钟,各位女性长辈问起了我对未来妻子的忠诚度,话语虽然直言不讳,但也没有一点恶意。我的一些朋友曾告诉我,同样的情形如果换到南欧某国,女方的兄弟可能直接半开玩笑半认真地正告男方:胆敢背叛,一定会承受皮肉之苦。相形之下,中国的七大姑八大姨实属温柔。

在本章后面的篇幅中,我将用亲身经历讲述重庆乡村摆脱贫困的历程,以及当地农村复兴带来的繁荣面貌与全新商机、曾经一度受困于穷苦的地域是如何展露新颜。总之,今天的重庆农村与过去相比已经完全换了天地,不可同日而语。变化基于一系列政策的引导,涉及生态重建、基础设施现代化、房屋改造、免费教育、社会治安整顿,以及农村人民自力更生摆脱贫困的巨大决心。随着章节的展开,读者将更多地了解这些方面的内容。

从贫困到富饶

2015年11月29日,中共中央、国务院发布《关于打赢脱贫攻坚战的决定》。重庆方面很快作出响应,相关的减贫脱贫计划可谓雄心万丈,因为根据当时相关的统计数据,重庆市内的农村贫困人口达到165.9万。脱贫工作所需的规划与资金之多由此可想而知。同时,还有18个城镇被认为属于"深度贫困",这一点更是加重了挑战。当时,几乎每个区县都多多少少面临着脱贫问题，不过其中的诸多难点无一例外位于山区。由此可见，缺乏交通设施所带来的闭塞问题，也许就是导致贫困的关键所在。想要彻底摆脱贫困，无疑应该就此着手。

位于渝东北的巫溪与巫山两县为交通脱贫提供了最好的范例。两地境内的兰英乡与庙堂乡正是在克服地处边远的弱势并采取一系列有效措施之后，彻底扔掉了贫困的帽子。其中，兰英乡的居民一点一滴地开辟出了通向外界的道路。庙堂乡则借助政策支持，整体走出大山，搬迁到了更适合居住的区域。

小小的周家坪村位于雄壮的兰英大峡谷之内，即便与巫溪县城也相距遥远。此地平均海拔达到2400米，高耸的悬崖简直能让恐高症患者血液凝固，其地理环境在世界上都属罕见。不过，村子的地势虽然险峻，大自然倒也在附近的山脊上慷慨地留出了几片耕地，让这里的居民能在远离尘嚣的深山里勉强生存下去。村民会拿着山货步行去最近的乡镇售卖，以换取生活物资——这一去起码也得花上13个小时。

大巴山脉腹地有着惊人的美景，附近还有重庆市内的最高峰"阴条岭"（高达2797米）。可是，周家坪的贫困状况同样十分惊人，而且已经延绵多代。正因如此，村民形成了统一的意志，决心亲手开辟一条经济上的生命之路，同时也为村中的下一代找到获取更高质量教育的路径。

2001年，周家坪村的23户共计83位村民团结起来，开启了也许是人类历史上最为大胆和危险的筑路工程。他们在1500米高的峭壁之上，生生拓出一条1200米长的小径，而这一切，都在没有任何外部经济援助的条件下完成，险要的地势也不允许他们采用任何先进器械，所有的村民完全没有修筑公路的经验。他们只把整段路途划分为23个工区，每户人家负责其中一个。整整4年零3个月之后，悬崖边上的小路总算完工。村民们利用最为原始的工具、最为耗费人力的方法，在绝壁之上生生开

第 5 章
乡村：从自力更生走向繁荣振兴

出了"一线天"。作业期间，他们身上只有一根细绳可供安全保障，稍不注意就有可能跌下万丈深渊。

村民的壮举，让周家坪村与兰英大峡谷里的其他村镇乃至人类文明的其他部分区域有了较为便捷的联系。近年来，当地政府聚集资源与人力，将窄窄的小径拓宽、加固成为更为可靠的道路，虽然这条路的宽度仅供汽车单向通行，但路边架设了护栏，汽车与行人的安全从此有了保障。

如今，整个村子完完全全融入了兰英大峡

当地村民为了更好的生活，凿出了令人难以置信的"天空之路"（摄影：詹姆斯）

187

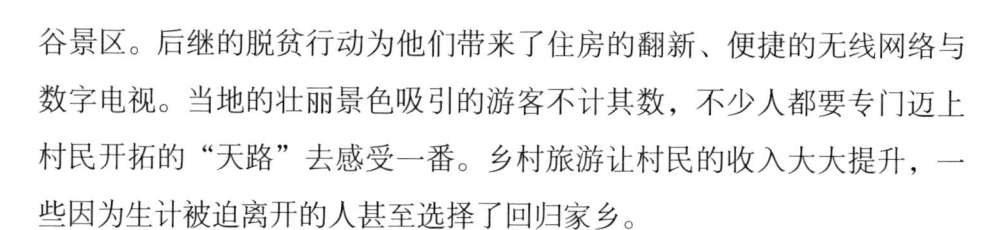

谷景区。后继的脱贫行动为他们带来了住房的翻新、便捷的无线网络与数字电视。当地的壮丽景色吸引的游客不计其数，不少人都要专门迈上村民开拓的"天路"去感受一番。乡村旅游让村民的收入大大提升，一些因为生计被迫离开的人甚至选择了回归家乡。

巫山县距离兰英大峡谷并不遥远，该县境内的庙堂乡也曾有着与周家坪村相似的处境。此地与神农架景区西南角接壤，神农架是湖北境内的世界地质公园之一。庙堂乡由5个自然村组成，拥有648户共计2308名居民，同时也顶着"重庆最穷乡镇"的名头。要想抵达当地，必须驾车在仅有2.5米宽的悬崖绝路上蹉跎前行数个小时。经济上的不发达，让当地人民长期陷于闭塞、贫困与恶劣环境之中，公共服务极其缺乏。他们常常只能砍伐林木用作燃料，甚至要和野猪、黑熊之类的野生动物争夺土地的主导权。他们虽不至于像周家坪村村民那样一度"无路可走"，但交通条件也原始至极。由于整体环境的极度落后与封闭，仅仅整修道路所需的费用就达到2亿元人民币，这个数字完全超出当时巫山县的财政支出能力，这还只是整修路面的支出，后继的各种费用——修建学校、诊所与其他关键的基础设施以提高村民生活水平——更会是天文数字。

最终，有关部门另辟蹊径，让庙堂乡的大部分居民整体搬迁到县内经济条件更好的地域，另一些人则选择到邻近的巫溪县甚至湖北省定居。搬迁工作始于2007年，并在接下来的十年之内稳步推进。648户共2308名村民绝大多数自愿离开这片山区，寻觅更好的生活与居住地。不过，仍有约100人选择了留守原地。

无论如何，所有庙堂人都得到了新邻居的热烈欢迎，从而顺利融入了全新的环境。有关部门提供的职业培训，让每个人都找到了更好的营生——有的人选择汽车维修，有的人从事药材种植，有的人甚至经营起了诊所或者餐厅。相较于原地建设所需的海量金钱，整体搬迁的成本仅

4000万元人民币，更为符合现实的财力。

我曾经亲赴巫山等地并和庙堂乡居民有过交谈。我想知道，他们如何看待自己离乡背井的结局，得到的答案非常一致——各位居民齐齐忆起了往日那种艰难的生活环境，而且集体认为现在的生活远远好过当初。他们大都表示，自己从未想过重回自己以前生活过的地方。

脱贫政策的中心在于"两不愁三保障"，旨在系统性地彻底解决贫困群体的衣食问题，同时分担他们在教育、医疗和住房方面的忧虑。相关问题虽然都属生活必需，却也是传统农村家庭难以承受的经济负担，因此常常陷入长期债务的恶性循环中——高额的医疗费、子女在完成义务教育之后的学费和其他费用。此外，修葺房屋也会给农村家庭带来经济困难。

中益乡位于石柱县境内，距离县城有1小时车程，当地人口约有1万，主要为土家族。镇子的位置虽不算偏远，但绝大多数居民生活贫困。此地也是重庆市内的18个"深度贫困区域"之一。如今，镇中心的建筑设计齐整、形式统一，色调也十分和谐，外观在横、纵双向都处于平行位置，房屋的窗户、阳台和三角形的倾斜屋檐呈现出优雅的对称美感。镇上新建的现代设施还包括医院和经过翻修的、光鲜亮丽的小学校。由此可见，当地已经摆脱落后的境地，变身成为独具魅力的乡村旅游地。在这里，居民的基本生活需求已经得到很好的满足，并从特色农产品的交易当中获利良多。

身处中益乡的游客可以去镇上的石桥走上一走，看看桥下玉带河悠悠流向长江的样子。沿着整齐的石板路迈进绿意盎然的山谷，时不时就能和路边的土家民居相遇。民居高度不一，形态也是各有特色。许多房屋都在设计上结合了传统吊脚楼与稻草覆顶的牌坊等传统元素。院墙大多涂成米色，墙上画有鲜活的大红灯笼、贴了传达吉祥如意的书法作品。

一处处碧色的瓷砖屋顶错落有致，灰色砖块铺满地面。随着脱贫攻坚与乡村振兴的双双成功，幽静的山谷小镇成了全国人民集体向往的田园所在。2019年4月，习近平主席来到中益乡考察，亲自登门看望当地村民并询问他们的生活情况。电视镜头记录下了中益乡的美景，当地由此名声大噪。

张建峰先生一直生活在中益乡，不但目睹了当地近年来天翻地覆的变化，还为我们提供了关于各种保障政策是如何提高村民生活水平的感人例证。他的事例证明，社会保障体系能让村民们不至于陷入无法承受医疗费用的处境。稳定的社会保障，免去了村民们因病返贫的忧虑。如今，张先生甚至有了投身商海的雄心，希望通过自己的生意获取更好的生活，换在过去，这一切都不可想象。

张先生回忆了过去的生活，脱贫攻坚改变石柱农村的面貌之前，当地可谓一潭死水。河边的土路只能容下一辆汽车通过，他的住所只是一处简陋的泥土屋，每逢天气不好还会漏雨。屋内虽然通水通电，但过时的设施随时可能酿成事故。

张先生的前半生几乎都在和贫困打交道，后来又不幸罹患癌症，经常需要前往主城就医。持续的治疗疗程给他带来了11万元的高额债务。由于无力偿还相关费用，他也落进了"因病致贫"的泥沼之中——这个名词所代表的现象在农村一度十分常见。还好，政府为贫困地区农村居民提供的医疗保险项目解决了张先生的难题，90%的医疗费用都可以得到报销。医院方面也网开一面，允许贫困病人在出院之时方才结清费用，如此一来更是解了燃眉之急。就张建峰先生个人而言，相关政策让他可以报销医疗费用，并通过亲朋好友与善心人士的捐款抵销一部分支出。最终，他的治疗负担减低到了1万元左右。

而后，镇上的住房都得到了集体的修缮，房屋结构变得更为稳固安全，电力、自来水、天然气、无线网络与有线电视也都安装齐全。所有房屋的外观也得到统一，与周遭的自然环境更显和谐。大规模的房屋翻新并非单纯的慈善之举。毕竟，有关方面的宣传一直表示，繁荣富裕的美好生活应该通过个人奋斗来实现。

公共投资让所有农村与乡镇融入了全市的公路系统之中，"两不愁三保障"的政策消除了贫困的根源。消除贫困的基本思想在于采用必要的手段，让农村群众可以将命运掌握在自己手中。中益乡与"中华蜜蜂第一镇"的关系，正是这样的一个例子。如今，"中华蜜蜂第一镇"已成为当地村民共享的品牌。大家经过相关的养殖培训，都成为了养殖蜜蜂的专业人才。

亲临当地的游客不难发现，小镇周边的田野与山林之中，随处可见零零星星、四处分布的蜂箱——全都是手工打造，属于镇上的各家住户。其中自然少不了张建峰先生的那一份。待到蜂蜜收获的时节，全国各地的客户都会慕名前来采购。如今，小镇出产的蜂蜜已经因为高质量而闯出了一片天地——通过电子商务平台、中间销售人员乃至当地邮局远销各地。我有幸也得到了当地特别馈赠的蜂蜜。张建峰先生近来的目标，便是扩大产量，将旗下蜂箱的数量增加到 30 至 40 个，同时又在养鸡与酿酒领域开辟全新生意局面。会面结束之前，他特意谈起来年的前景，显得激情满满。他很自信，坚称能让自己的收入再上一个台阶，而生活也会更有保障与舒适。

"三保障"中的重要一环在于教育。早在 20 世纪 80 年代，中国就开始普及九年制义务教育。显然，普及九年制义务教育的重点和难点在于乡村学校。中益乡小学已向辖区内贫困家庭的学子提供免费教育，仅仅收取教材、校服及住宿等方面的微薄费用。与城区里的学校不同，乡村学校的学子如果不在学校住宿，有不少孩子通常需要穿山越岭、沿着公路走上半天方能到达学校。每到冬天，他们还得起早贪黑、忍受寒冷。虽有不少亲戚或监护人会驾着摩托车等在校园门口接送孩子，我还是有点忧心忡忡——乡村孩子在上学放学路途中的艰难，不仅仅可能影响他们的课业表现，还存在不小的潜在危险。

更有甚者，由于"留守儿童"的现象仍旧普遍存在，老一辈亲属在照看孩子方面又力不从心，住宿学校的存在自然大有必要。唯有等到重庆的农村地区真正实现经济繁荣，辖区内的数百万壮年人不用再远赴东南沿海地区从事劳务工作以挣钱养家，情况才会有所改变。

不幸的是，很长一段时间之内，农村孩子都必须留给老一辈亲属照看——老年人可以为下一代提供住宿与三餐，但无法给予足够的亲情温暖、情绪安抚、课业辅导以及文化方面的种种支持，偏偏这些元素又在孩子成长的过程中不可或缺。随着乡村振兴事业的推进以及重庆经济崛起带来的诸多机遇，更多的农村人选择在临近家乡的地区就业，留守儿童的数量因此有所减少。

不过，乡村学校仍需在正常的教学任务之外继续担负起照看学生的责任。值得注意的是，重庆主城区的诸多私立学校同样也有不少来自区县的住校生，他们的处境却和乡村学校的同龄人大不一样。由于家境较为殷实，这些住校生选择私立学校更多是因为这里的优良师资与上等设施，以及更多前往国内外知名高等学府深造的机会。

提到主城区的私立学校与高等学府，我有过一些近距离的接触，由此感受到了中国教育制度经历的变迁。不过，个人觉得，最大的改变在于家长的期望。同时，政策的开放导致私立学校的兴起。重庆高校的竞争力更是有所提升，吸引外国学子前来留学与研习，其中大部分来自中亚与南亚地区，此外还有不少非洲留学生。

有趣的是，中国学校的传统一面同样换了一副新颜，至少与我初来重庆那个时候大不一样了。当时,我对沙坪坝区的三所名校——重庆一中、三中与八中——都有过近距离地观察。我的公寓位于校园上方,可以看到学生的各种日常活动。由此我非常清楚,中国的中学生从早到晚有着高度紧张且安排得满满的学习日程。对此我只能表示钦佩。

相形之下,我在英国的高中岁月简直算得上闲适悠然乃至有点耽于享乐了。我还记得,天蒙蒙亮时,中国的高中生就得起身下床,在操场完成晨间锻炼后马上得去食堂用早餐,然后坐进教室开始学习,而此时,我的一天往往才拉开帷幕。经过一个上午不带喘息的学习,学生们会有一到两个小时的休息时间。而后又是一下午的紧张课程。晚饭短暂而匆忙,而夜间还有数个小时的自习。学生们一般会趁机完成作业,并一直学习到晚上 10 点。

如此高强度的学习是中国广大初高中生的日常生活写照。年龄较小的幼儿园与小学学童则要轻松一些。至少,改革开放之后长大成人的新一代父母愿意留给子女更多轻松快乐的空间。他们会带着孩子出外玩乐旅游,也鼓励子女去寻找真正的兴趣所在。一大批全新的培训学校应运而生,为学生们提供体验各种新鲜事物的机会,比如棒球、壁球、跆拳道与击剑之类的体育项目,法语和日语之类的外语课程,美术与舞蹈之类的艺术项目。旨在刺激婴幼儿"认知能力"的课程更是在整个重庆范围内方兴未艾。同时,有关部门出台全新政策,禁止校外机构提供有关校内课程的辅导——特别是关于英语与数学课的校外辅导。如此一来,学子们肩上的课业负担有望得到舒缓,千家万户的钱包也不至于太过紧张。当然,这样的转变也使一部分想来中国从事英语教育工作的外国人失去了机会。

如今,来华学习的留学生人数年年见涨,来源也愈发多样。他们本身也是过去十年中国教育历经的最大变化之一。过去的中国只会"出口"

留学生，但现在也变成吸引外国学子的一大热门目的地。中国学府在科研方面的竞争力同样也在日渐攀升。我还记得，重庆地区第一家面向来渝外国人的国际学校开门招生的时候，入学人数只有区区4人。不过，这一数字很快暴涨到了四位数，各种跨国教育机构也如雨后春笋一般在重庆各地办学兴业。外国学生可以在外籍老师的辅导下学习国际认可的各种课程。一些有心远赴海外学习或者倾向于西式教育的中国学子，同样选择入读这些国际学校专为中国籍学生开办的学部。如今的重庆，可供广大学子挑选的教育资源已大大丰富，完全不是我初来此地时可比拟的。

我曾在当地教师的陪同下参观过中益乡小学。校园里的各种设施早就翻修一新，入读的学生不但来自镇上，也有附近村镇的儿童。教室装修完备，各项设施一应齐全，包括多媒体黑板与电脑系统。校区中央的操场宽敞整洁，是一处集体锻炼的好地方。软硬适度而又五彩斑斓的地面，正好可供全校师生组织运动会和其他体育娱乐活动。食堂不仅窗明几净、空间敞亮，而且还有经过特意修饰的文化墙，上面的名言警句告诫学子们一定要注意餐桌礼仪，千万不可浪费粮食。

我们参观校园的那天恰逢公休假日，所有学子都已回家度假。不过，大家仍然有幸进入学生宿舍看了一看，每间寝室里共有四张床铺，全都十分舒适整齐。每位入住的学生还可享受一张书桌、一台装在天花板高处的紫外线消毒灯、一个可以用于盥洗的洗衣槽。4位学子的宿舍中还有一间独立的浴室，内饰虽比较简单，功能却舒适齐全，随时可以提供热水与淋浴。寝室的装饰属于极简风格，新建的住宿区可以容纳校内所有需要在校住宿的学生。校园里有24位保安随时待命，保证全校学生可以安心学习。

正是因为新校园体现出的高品质与优良环境，许多曾在此地求学的

第 5 章
乡村：从自力更生走向繁荣振兴

中益乡小学为这个曾经贫穷的小镇提供了一个优质的学习环境
（摄影：詹姆斯）

人选择回校担任教师。其中不少人本可以在主城区或县城找到更好的工作，却仍然满怀热情回乡服务。目前，中益乡小学之类的公立学校在义务教育阶段仅收取极少费用，主城周边地区的贫困家庭自此再也不用耗费资金将子女送往异地就学，更不用担心"因学致贫"的问题。他们可以集中精力，一心一意为全家老小谋取更好的前程。

想要消除贫困，必须综合考虑年收入与基本支出情况，保证所有家庭衣食无忧的同时，确立教育、医疗与住房方面的"三保障"。脱贫并非一次性投资，自然也不仅是基础设施到位或政策的实施,而是旨在彻底消除农村贫困,这一奋斗目标又和深远、广大的乡村复兴运动结合在了一起。乡村地带肥沃的土壤、原始的环境、壮观的景色无不蕴藏着巨大而未经开发的经济潜力。有了政策帮扶与完善的基础设施,这些潜力都会得到充分释放。总而言之,基础设施为农村实现长期繁荣提供了有力的支撑。当然,乡村居民的奋进精神也是其中的重要元素。

读者们若对本章节感兴趣,不妨从国际视野来审视这个问题。通过搜索,大家一定会知晓那句著名的话语——"绿水青山就是金山银山"。话语非常简单,但却再次强调了生态保护的重要意义,以及农业、旅游业、商贸、创新、冒险精神、经验与非物质文化遗产等基础概念在乡村振兴与消除贫困方面发挥的作用。

土地,始终是农村财富最为主要与直接的来源。重庆拥有广阔的平坝、谷地与延绵数百平方公里的山脉,构成了发展振兴农业的基础条件。相关的区域可以容纳上百万农村人口。不过,要想把农村蕴含的巨大潜力化为真正的财富,几十年来广大农民都是力有未逮,虽然他们一直非常勤奋肯干,毕竟落后的基础设施让农村各地四散分布,难以形成合力,导致资源、设备与产品无法自由流通。更糟糕的是,农村地区缺乏资金,无力开拓种植基地,无法获取从种植到收获的一系列专业技能。最为重要与关键的市场与营销经验,以及获取消费市场与全国性运输渠道的能力,他们也是极其缺乏。

由此可见,重庆市内的乡村振兴一直拥有良好的基础,却又因为路政建设、财政支持、农业技能培训、商业管理和销售渠道方面的缺乏而无法变为现实。如果没有正确的政策辅导和足够的平台,农村的巨大潜力始终难以发挥。

在这方面,渝北郊区的青龙镇就是一个例子。此地曾是一个默默无

第 5 章
乡村：从自力更生走向繁荣振兴

闻的腹地小镇，位于湍急的御临河岸边，也与河流最终流向的长江不远。渝北区的城市化率已近80%，以重庆的"北大门"著称。当时，区内仍有一些乡村属于贫困区域。很快，这些地区就通过农业与旅游逐步迈向繁荣。村民们都积极地参与其中，从集体的成功里面受益。而不久之前，青龙还不过是山地与田园包围着的一处萧条小镇，目力所及之处尽是破败的屋村。当时的调查显示，青龙居民中的大多数已经前往各大城市务工，剩下的少数人也只能依靠微薄的田产勉强务农求存。

随着"青龙镇农业合作社"的成立，当地村民的命运也有了转变。超过500名村民通过入股与土地特许的方式参与合作社的投资。该合作社的创新之处在于设置了三个部门，分别负责生产管理、供应与市场营销，以及资金管理。有了这些基础，青龙成功开辟了近400公顷的林地，用于柠檬、血橙、大豆、荞麦与土豆的种植。2021年，合作社的农业收入接近4000万元，其中90%都以股息的形式提供给了参股人，剩下的部分则被用作公益基金。

2020年夏天，我第一次来到青龙，映入我眼中的此地平淡无奇，与重庆其他的宁静乡镇没有什么不同。不过，一行人在向导引领下走向路边的一处小小山坳时，我惊奇地发现，好几队农民正在田中忙碌。他们个个乐呵呵的，有的人驾着的迷你拖拉机还闪着耀眼的光泽；另一些人则悠闲地站在农田的一边，操纵无人机为稻谷播撒生态农药。对了，那台无人机个头巨大，堪称我见过的类似机械中的翘楚。

这些中年农村人大多在渝北郊区度过了人生的大半岁月，至于年轻一代的村民，则多数离开此地在外谋生，地里的活儿仍由老一辈负责。如今他们不但是操纵高科技农业工具的行家，对于郊区农作的各个方面也都十分熟悉。那一天，如此画面给我留下了深刻印象，我实实在在地见识了他们的专业程度。

现在当地农民的收入大为增加，每年的数额都可达到数万元。对于一个农村家庭而言，已是一笔不小的数目。收入的增加，也促成了农民搬入刚翻新的住宅小区。这里的房屋错落有致，为住户统一安排了新粉刷的庭院、绿砖覆盖的屋顶、私家园地和砖砌的院墙。室内为每家每户都留足了宽裕的生活空间。在静谧安详的家庭环境内，许多村民可以一边享受新环境的舒适闲情，一边摆弄乐器自娱自乐。

同样的事情也发生在位于三峡库区腹地的奉节与巫山等远郊区县，这些地区有着独特的优势：山间空气新鲜，日照时间比主城区那出了名的"雾都"天气足足多了50%，肥沃的沙质土地，因而成为培育柑橘与脆李的天堂。果品栽培也是这些一度陷于贫困的地区发展繁荣的基础所在。

如果驾车从万州出发，走上东向的G42高速公路，不过一会儿就会发现窗外景色的变迁——郁郁葱葱的山间盆地，很快变为密密麻麻遍布柑橘园的一座座小山丘。河边的土地与远山的深处，则是栽培脆李的地方。仅在巫山县一地，参与脆李种植业的人数就有6万之多，这个数字实在惊人。2022年，他们产出脆李13万吨，价值达到17亿元人民币。

彭斌先生就是一家脆李农庄的拥有者。他这样的业内人士已在巫山县农业协会的扶助之下，参与相关产业长达十年。如今，每年的收获季节之前，全国各地的买家都会与彭先生这样的果农洽谈业务——销售既会利用在线平台，也会通过线下的分销商进行。

随着巫山生产的李子销路愈发广泛，分销过程也得到优化——销售渠道，也是农产品取得成功的关键。由于"巫山脆李分销仓库"的建立与运行，这一渠道得到大大加强。知名的物流企业可以利用仓库的冷冻技术，将订单下的产品及时运抵销售地。同时，巫山新机场也参与到了分销过程中，销售目的地甚至远达新加坡。每年春天的"李子节"成为当地推销农村旅游产品的恰当时机，游客可以亲赴当地，置身一片雪白的李子花海当

"千山园"远景（摄影：熊力）

中。秋天的"红叶节"同样美不胜收，秋季来临，长江三峡附近的山麓会被盛开的枫叶染成艳红一片。

"红叶节"是奉节县的一大名片。这座宁静小城位于长江边上，也是"千山园"的所在地。"千山园"中培植了近四千株柑橘树，品种各异，占地面积达到80公顷。作为一家农业合作企业，"千山园"得到数十位私人投资者的资助，当地政府同样通过修筑道路的形式给予支持。同时，政府组织的电商团队也尽心尽力，为"千山园"开辟市场。

2020年下半年的一天下午，我有幸前往

"千山园"亲自体验了采摘柑橘的乐趣。我戴上白手套、肩背大果篮，在几位果农的陪伴下沿着山坡徐徐而下，他们都是"千山园"刚刚开园的时候便在此工作。此时的我已经很不适应田园生活，我与果树"斗争"的笨拙样子，惹得果农们直发笑。相形之下，我的几位同伴干起活来都是驾轻就熟、愉快放松。冬去春来、寒暑不侵的室外劳动，造就了他们的好身手——请注意，每一年的采摘季节都会延续到 4 月。

"千山园"特地建设了一套灌溉系统，可以从长江中抽取水源。果园一旦遭遇旱情，都能得到缓解。来到江边，我发现这里水质清澈，污染整治的效力由此明晰可见。我把双手浸入江里，更是惊奇地发现水中的温度要比周边空气来得更加温暖。按照各位同伴的解释，长江水在夏天更为清凉一些——那个时候，青藏高原之上的冰川融化，所有的流水都会汇入长江。正因如此，他们更愿意在冬天跳进长江畅游一番。

那天，山上还有一支电商团队正在利用电脑设施开展直播。我与他们交谈期间，小小的打印机里不断冒出各种订单，其中有些来自重庆主城，更有一些出自全国各地。订单一旦下达，果农们便立即行动起来采摘果子。不过一会儿，他们就会满载而归，带回的每个果篮都有 5 到 10 公斤的果子不等。这些果子被飞快地装箱封存，不同买家的地址被贴在包装盒上。每一天的固定时间，会有卡车前来装载果箱，并根据不同地址将货品送达目的地。

我赶回重庆主城之前，也订购了一批柑橘。虽然主城与奉节有 400 公里之远，乡村道路通行也并不方便，我订购的果品仍在第二天就抵达了它应当来到的地点。果园的成功，给杨明华这样的果农带来了可观的收益。他们的年收入因此达到 5 万元人民币的水准，已经可以在县城购买房屋。

如上事例，都证明了乡村振兴战略的成功——富于企业家精神的农

第 5 章
乡村：从自力更生走向繁荣振兴

村人完全可以在资金扶助之下，用自己的努力并结合自然基础创造财富。当然，缺乏类似资源的农村人口还有很多。他们缺乏合适的土地资源和资金支持，自然无法形成合作社这样的组织。因此，他们亟须进一步的帮助，才能提高自己的生活水平。小额贷款就此应运而生，巫山县小三峡一些成功脱贫致富的事例正与此有关。

举世闻名的长江三峡当中，有两处峡谷都位于重庆辖区之内。虽然已经多次游历当地，不过，那种令人窒息的美景仍能给我一种不真

夔门屹立于奉节白帝城外
(图片提供：视觉中国)

雄奇山城
一个外国人亲历的新重庆

实的感觉（我第一次见到三峡的景色，还是在英国的一次电视节目当中）。如今，只需几个小时的高铁行程，我就能够置身在三峡之中。夔门和巫峡的奇景，如今仍在吸引全球各地的游客纷至沓来，人民币10元钞票的背后图案，就是白帝城外雄壮的夔门。每年10月红叶满山的

巫山神女是传说中的人物，也是巫山红叶节期间当地表演的主题（图片提供：视觉中国）

第 5 章
乡村：从自力更生走向繁荣振兴

时候，此地更会成为巫山的名片。你可以乘坐游轮，望向天际的漫山红叶，也可以来到神女峰，从最高点眺望方圆几百米的开阔地界。

不过，大宁河与马渡河上游的小三峡同样也是美景无双——就在两条河川的东北方向，有一池翡翠般黛绿的碧水，两岸青山幽幽，独特的喀斯特地貌也令人惊叹。悬崖之上，甚至还能看见古代悬棺的遗存。新建的栈道临近绝壁，富于冒险精神的游人可以到此体验。

越过巴雾峡，就能看见双龙古镇如诗如画的美景。如今，峡谷两岸成了不少三峡移民新居的所在。过去，双龙镇却曾是重庆境内的 18 个"极端贫困乡镇"之一。我第一次置身当地还是 2020 年的年中，还记得，是一条无名之路引领我们走下主干道，又走过了数公里地面狭窄到一般车辆难以通过的路。还得感谢此前通过的无数卡车，为我们碾出一条可供穿越的道路。由于双龙镇上的燃料运输并不通畅，向导好意提醒我们预先给车加好油再赶路。不过，虽然山峦众多，全新的道路也在飞速地建设当中。

来到镇上，我们见到了一幅原生态的乡村景象。此地美不胜收，而且路政系统也是顺畅易行。我们应约拜访当地开发果园的企业家刘景春，他得到政府资助的低息贷款支持，回到自己出生的安井村开办葡萄园。

刘景春在兄弟四人中排行老三，一家人的生计曾经长期系于"三大坨"——土豆、红薯与苞谷之上。由于家境贫困，刘景春先生只上过一年初中便辍学回家务农。2010 年开始，刘景春家连遭不幸，先是他的大儿子被诊断为先天性唇裂，而后自己又患上淋巴腺肺结核，不得不卧床了一年半。为了治病，刘家背上了 20 万元债务。还好，2013 年开始，刘景春时来运转，根据国家政策，他被认定为亟须帮扶的贫困户，所花的医疗费用因此也被纳入前文提到过的保障体系。

到了 2017 年，他更是从双龙镇获得低息贷款，并由此在毕家村购置了一处109亩的田产。刘景春与妻子认真接受了有关于葡萄种植的培训，为创业做着准备。2019年，他的葡萄园成功收获近1万公斤果品，其中仅有半数通过社交媒体售出，或是卖给了前来亲自采摘的客人。剩下的那部分葡萄一度遭遇滞销，刘先生的心血面临付诸东流的危险。还好，本地的一些政府官员动用了重庆方面的关系，终于让其余的5000公斤葡萄有了合适的去处。

如今，刘景春先生的疾病已经痊愈，两个孩子也都上了小学。2020年，他的葡萄园收获1.5万公斤果品，价值达到20万元，如此一来，刘先生一家再也不需要资金方面的扶持，可以高高兴兴地展望更为美好的未来。

距离安平村不远的地方，坐落着一座"古树屋客栈"。客栈的存在反映了另一条农村居民摆脱贫困的道路。像许多前辈同乡一样，何成光先生曾在广东省从事劳务多年。随着安平村附近基础设施的现代化和家乡经济的发展，以及政府"两不愁三保障"政策的实施，何先生带着获取低息贷款并在家乡创业的希望回到家乡。最后，他在本村附近建起了一座客栈。为此，何先生申请的贷款额度达到3万元人民币。他用这笔钱购入一批现代厨具、家具、家用电器，并让整个客栈装修一新、呈现出现代风格。

无论是本地客人还是外来旅行者，无不赞赏客栈的宁静与温馨。客栈里的巫山名菜"纸包鱼"、汽锅鸡与重庆火锅同样让人食欲大增。客流源源不断，刘先生的生意自然兴隆。他自此再也不用远赴他乡，可以和妻女共享天伦之乐，一名"留守儿童"的命运就此得到扭转。

大门外的院墙之上，写着不少关于"三保障"的相关标语。墙上的一张红色证书表明整座客栈已经经过结构安全检查，符合相关标准；蓝色的证书则说明客栈的水源供应在质量方面毫无问题。此外，村中诊所的地址、医生的联系方式以及其他医疗建议也都一并列在了墙上的公告

第 5 章
乡村：从自力更生走向繁荣振兴

栏当中。

其实，医疗保障不仅限于金钱保障，已经便利到了通过本地诊所里的医生开展个性化服务的地步。至于低息贷款的偿还，在本金到期后有 1 年左右的宽限期，分 3 年按月分期偿还，地方政府对贷款利息进行补贴。

安井村附近的山丘上，有一处宁静之地。此地可以俯瞰全村的样貌，也能享受绿意葱葱的山间景色。一座并不起眼的单层小楼就位于此处。小楼是个工作室，带有独立的庭院。庭院宽阔，可供学生与游客举办聚会。大家来到这里，是为了观看巫山县里最为著名的旅游景点，看一看这种全新的艺术形式——巫山红叶形成的天然风景。

每年的 11 月，它们都能"点燃"整片山坡，有如火焰一般闪闪烁烁。关于红叶，也有着一条脱贫之路——当地人可以搜集叶片作为标本，相关数量数以百计。一旦采来的叶片被用作标本，村民就可以获得 5 分钱（相当于 0.05 元人民币）。请注意，1 元人民币相当于 10 角钱，1 角人民币相当于 10 分钱。

20 年前刚来中国的时候，"分"还缺乏价值的象征，反正我从未有过机会在生活中使用过哪怕一"分"钱。虽然这个计量单位如今仍会出现在超市的价格标签上，但日常价格的计算至少也会以"角"为中心。如今，妻子印象中的旧款人民币早已不像过去那般广泛流通。对此，她非常怀念——就像我怀念小时候价值一便士的老式糖果那样。

我还记得，家乡的一家新闻社曾把这些小面值货币搜集在玻璃罐子里进行公开展览。目前，"分"级单位的货币仍可在中国流通，但这些货币可以卖出的价钱却已经超出了本身的面值。它们身上的图案有着 20 世纪50 年代的典型印记——蒸汽船、螺旋桨飞机和装满丰收稻谷的复古卡车。

无论如何，巫山村民要想挣到 1 元人民币，必须搜集至少 20 张红叶。此后，叶片会经过干燥处理并真空包装，送到艺术家的手里。后者利用工艺刀与叠加模板在叶片上刻好图案。

那一次，本地村民带着我们一行人在工坊内四处参观，由此见识了这种"叶雕"的妙处——一位名叫宋功柏的老人友好地为我们露了一手。长年来，宋功柏老人曾经因为慢性病而无法下田干活，更没有外出就业的机会。不过，在本地政府的鼓励支持下，他成立了"鸿森红叶雕刻"工作室。随着时间流逝，宋功柏老人在著名工艺家、非物质文化遗产传承人李明贵（作者注：李明贵先生创办的"知叶堂"位于巴南区）的指导下渐渐掌握了叶雕的手艺。如今，这门利用叶片这种载体雕刻与描摹图案的优雅工艺已被列入第三批"巴南区级非物质文化遗产"。

我们在向导引领下，参观了无数精美的叶雕标本。好些标本都储存在透明的袋子中，挂在白色的背景板上供人参观，其中的内容千姿百态，包括传统农作物、鸟类、重庆火锅、川剧脸谱等等。好些作品都在互联网平台上进行销售，同时也会放在乡村旅游的诸多景点售卖，其目标在于将消费者基础扩展到全国范围，并让更多的村民能从这种全新的致富方式之中获得益处。乡村振兴的路上，相关的文创产品也越来越多。

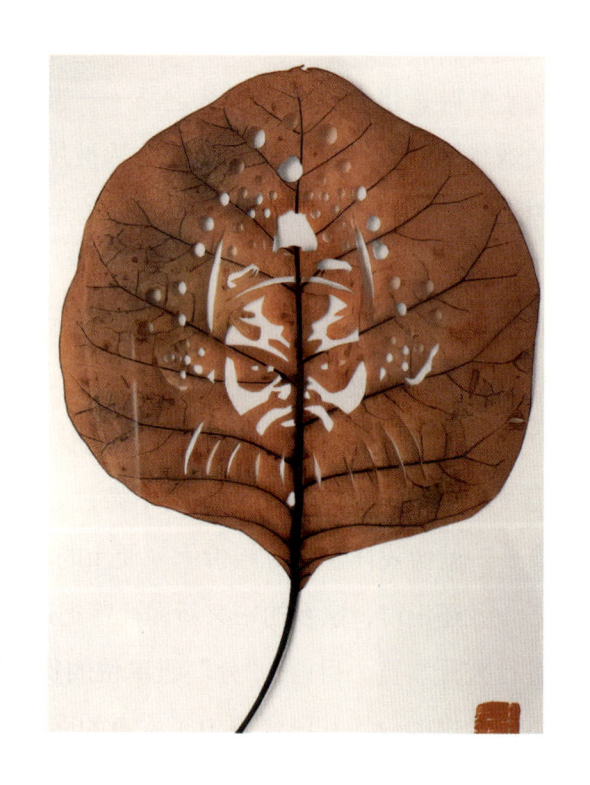

"叶雕"艺术品在巫山县乡村工作室展出（摄影：詹姆斯）

第 5 章
乡村：从自力更生走向繁荣振兴

位于渝东北的城口县与同一地区的其他区县一样，长期承受"偏远""交通不便"与"贫困"的名声。近来，随着省道"村村通"工程的完成，相关地区渐渐摆脱了贫困地区的帽子。不过，从重庆主城区前往城口最为便捷的道路仍然一度需要取道四川并在邻省境内延续数百公里，然后经过喀斯特深谷和晶莹剔透的溪流，最终才能到达。

在不久的将来，城口跟重庆主城之间的距离将会进一步拉近——一切都因为城开高速公路的竣工以及高速铁路的到来而改变，旅游业与商贸方面都会因此机会大增。短短几年间，城口的公路系统的总长度就大有突破，并在 2020 年前超过了 4266 公里。请注意，当地可是在群山叠嶂的不利地势之中取得了如此成绩。为了让全区所有家庭与商家都能享用电力供应，有关部门投入的资金达到 3.5 亿元人民币。同时，全县所有村、镇与街道都已安装网络基站，保障境内所有居民都在手机信号覆盖之下，而且绝大多数人都有网络可用。

亢谷景区位于城口东部。这里的山谷风景旖旎，海拔达到 2000 米。此地夏日天气清凉、冬季有雪景，森林覆盖率达到 90%，许多游客慕名前来享受此地富含负氧离子的环境，体味古代"亢人"的久远文化与山间的自然遗迹。当地居民之中，不少人也受这番奇景的恩泽，成功地做起了客栈生意。他们旗下的旅店星罗棋布，随着亢谷公路一直延续到山谷之中。

根据当地村民的介绍，盛夏时节，公路两旁的车辆停得满满当当，几乎达到本地接待人数的上限。2020 年底的那次亢谷之旅，我们下榻在唐太友先生的"樵夫客栈"，环境虽然有些原生态，却又不失舒适温馨。多年以来，唐先生都栖居在山村里的泥土房里。他和家人一直靠养殖蜜蜂与种植葛根为生。收获之后，唐先生一家人还得背上货物、在泥泞小道上跋涉半天前往集市售卖。

雄奇山城
一个外国人亲历的新重庆

曾经偏远的亢谷已成为冬夏旅游胜地（图片提供：视觉中国）

"三保障"政策出台后，唐先生的住所被鉴定为"D类危房"，因此获得了搬迁新居的权利（作者注：重庆直辖市范围内所有的贫困家庭都可以在符合条件的情况下享受同等的权利）。所谓"D类危房"即是那些已经完全无法继续翻修的房屋。后来，唐先生了解到亢谷所蕴含的旅游价值，并通过低息贷款建起了"樵夫客栈"。客栈有着典型的原生态的农家外貌，独具特色的巨型木质房梁、蓬草覆盖的屋顶和泥土夯成的院墙，让屋内冬暖夏凉，两不相误。而且，这里的客房出奇地干净整洁，装饰也是摩登而不落俗。城市游客期待的各种创意与舒适，这里统统都不曾落下。

第 5 章
乡村：从自力更生走向繁荣振兴

亢谷的例子证明旅游产业在推动乡村振兴方面的功绩——不但激发农民的企业家精神，同样餐饮、住宿、娱乐、旅游和会议等产业及有关的基础设施建设也带来无数的工作机会。成功的案例遍布重庆市各地，无数个具备地域特色的企业因此而崛起。

綦江区是重庆境内唯——个曾在 1935 年见证红军长征过境的地方。位于该区最南端的安稳镇正是这一历史事件的发生地。当时，红军离开原根据地已近一年，并在几千公里的长途跋涉之中无数次与追击的敌人和各地的军阀交锋，同时还得克服地形上的困难——他们短暂停留的安稳镇当时在崎岖难行的深山老林之中。

煤矿产业一直是綦江区近现代历史上的支柱产业，当地的煤产量一度达到全重庆的 60%。可是，由于国家政策的变化，该区不得不逐渐停止了煤矿生产。2021 年 1 月，綦江境内的最后一座煤矿停产。长期以来，缺少工作机会一直让安稳镇处于重返贫困的阴影中。工作无着落的镇上群众只得奔赴外地求生存。不过，随着乡村振兴之光照到綦江的这个角落，曾经的革命故事开始成为安稳镇脱贫的希望。红色旅游成为本地农村重生的契机。

其实，即便在重庆主城区，许多著名的红色景点都已得到修缮，并在历史文化方面扮演重要角色，比如，八路军重庆办事处旧址、歌乐山烈士陵园、红岩革命纪念馆等。

面朝嘉陵江水、一度曾经招待美国文豪海明威的"周公馆"因为 20 世纪 30 年代末曾是周恩来办公居住地而闻名。海明威曾在 1941 年来到重庆旅居 10 日，并在周公馆参加过一次秘密会议。如今，周公馆已是重庆都市旅游路线上不可或缺的一站，全国各地的游客云集此地。

安稳镇虽然远离城市喧嚣和繁华，却得到了"三保障"政策的帮扶。整个镇子都已根据红色旅游的基调进行了彻底的重建。如今，镇上的建筑

无不带有革命时期的色彩设计风格——房屋有着整齐的红色梁柱，店面与路边随处可见当年的宣传标语。各种象征农家的特色物品——旧时的木质房梁、供人观瞻的柳条器具，纷纷兴起的饭店、客栈以及装修一新的农家都有着白浆粉刷过后的墙壁——同样十分明显。

慈善组织也做出了自己的贡献，镇上的太阳能路灯系统即是他们的馈赠。綦江慈善协会专门制定了"学生追梦"计划，为留守儿童提供情感支持与课业辅导。一批志愿者开设了"自然之路"的诊所，利用当年的红军医院作为给村中的老人

中共中央南方局旧址现在是重庆红色历史旅游线路上的一个景点（图片提供：视觉中国）

第 5 章
乡村：从自力更生走向繁荣振兴

提供义诊的场所。"自然之路"的各位志愿者妙用中医中药的传统手段，如按摩、针灸与足疗，有效缓解了慢性病给长者的折磨。

安稳镇的振兴，离不开生态重建、政策保障与基于红色历史的经济发展这三点。乡村旅游更是帮助小镇走向振兴，来自重庆与邻近省份的游客慕名前来探索这里的红色历史，通过长征时期留存至今的点点遗迹追怀过去。

綦江妙用"历史牌"振兴经济，渝东南的彭水等地则通过丰富的自然资源与少数民族的

阿依河是彭水著名的旅游景点，为当地经济作出了贡献
（图片提供：视觉中国）

211

多彩文化开发旅游产业。阿依河流域是苗族人民的聚居区,河流汇入乌江之前,经过的一段狭窄深谷有着绝美的风光,同时也成了著名的旅游景区。景区入口,苗族人民会身着民族盛装,用传统的"阿溜溜"调子和民族语言迎接游客。苗语中的"阿依"则是"美丽优雅的年轻女子"的意思。

每年夏天,阿依河流域会迎来旅游旺季,游客纷至沓来只为体会在河中漂流的惊险刺激。漂流途中,人们会经过一处又一处激流险滩,其间也会度过许多片宁静水域。清冽的山溪水和凉爽的乡间空气,让人可以暂时忘却主城区的暑热。2020年,阿依河景区成为5A级旅游景区,从落后的偏僻地变为旅游的顶级去处。如此的成就,可是在历经10多年的艰辛努力之后,方才达成。

阿依河谷的经济潜力初露峥嵘,还是一位私人开发商的功劳。那是在2008年,此地的公共投资还少得可怜,想要开发当地的旅游潜力,第一步在于沿着河谷开辟一条漂流路径。不过,私人开发商的努力后来因为安全原因而放弃,重庆旅游投资集团接手了这项工程。

这一次,旅投集团的开发计划涉及全套的基础建设,包括店铺、饭店、住宿、演艺大厅与公共广场等一系列设施。如今的河谷拥有高达180米的室外景观电梯,电梯依山而建,游客可在搭乘之时欣赏绝壁的风景,并且轻轻松松抵达谷底,免去在垂直而让人眩晕的步梯上面蹒跚的艰辛。

峡谷上方还有一座横跨两岸的石桥——我曾经置身此地,强行压下心头的不安和惊惧,装出没事人的样子走到桥梁的另一头,重新加入一群受邀来此观光的外交官的队伍当中。当时,几位外交官也在强作镇定,他们死死抓住身上的安全装置,颇为勉强地接受了主人提出的挑战。当地旅游

第 5 章
乡村：从自力更生走向繁荣振兴

设施的蓬勃兴起，以及社会保障体系的运转，让阿依河流域的居民可以迅速摆脱贫困、提高生活水平。因为基础建设和社会保障而带来的商贸和就业机遇，也为当地人民带来了更高的收入。

本章一开头就曾说过，20年前，重庆的城市居民对于当地农村的印象并不美好。提及农村，仿佛只有普遍的贫困与文化荒漠两大印象。不过，乡村振兴的种种成就重新塑造了重庆的乡村地带，通过乡村旅游让当地变得令人

桥头镇青年学生受益于支教老师的关爱和指导
（摄影：詹姆斯）

213

向往。如此情况，在过去实在难以想象。与此同时，各大慈善机构也在齐心协力，为乡村留守儿童提供文化上的滋养。同时，这些机构也为保护田园环境殚精竭虑。

在石柱县的桥头镇，陆海国际交通联合会联合多家慈善组织，为当地孩童修建了专门的图书馆，以期提升他们的阅读能力、养成爱读书的习惯。志愿者和教师会定期造访当地，开展书法一类的文化教育活动，同时也给父母不在身边的孩童提供情感支持。要知道，负责看护这些孩子的老年亲戚往往缺乏提供文化支持与内心温暖的能力，而这又是乡村留守孩童心之所需。

慈善组织还曾开展进一步的行动，他们举办的摄影展引导留守儿童与乡村孩子去热爱家乡。活动过程中，孩子们可以拿着手机深入田间地头，记录本地植物的生长、野生动物的活动，以及各种美景与乡间的宁静。志愿者给孩子们讲解剪辑视频的技巧，如何将原始的影像资料制作成引人入胜的短片，并分享给他人。相关摄影课程还面向村中的老年人，让他们可以用手机留下过去生活中不曾被记录的片段，比如婚礼的场景等。摄影课程的开展，让长者更好地体味了生命中的幸福与温暖。

来自偏远地区的特色产品，同样可以增加乡村的吸引力——有时候，这种魅力甚至会突破国界。巫溪县的大河乡就是这样一处曾经极其偏远的地方。这里有着美丽的山景与原生态的环境，但却缺乏旅游资源。在这种情况下，当地村民只好在其他方面拓展创新的边界，以期获得更高的收入。

大宁河的清流正好从村边经过，并一路朝向小三峡继续前进直至汇入长江。河中有着数之不尽的水源，最终促使村民们创办了一个以养殖鱼为主的农业合作社。合作社一共修建了32个鱼池，并从邻近的河流当

大宁河的清流经过小三峡汇入长江（摄影：熊力）

中取水以保证池塘中水源的流动性。最终，水流将会重新排回大宁河。

鲟鱼是大河乡饲养的主力鱼种，每公斤的单价可以达到140元，鱼子的价格更是每公斤高达2000元。此地生产培育的鲟鱼已经远销日本。

一开始，村民们缺乏相应的养殖技术，村集体不得不聘请专家前来传授技艺，当时，共有100多户村民受邀参训，他们已成为渔业合作社的主力。红光村的鱼塘的最终投资额高达

有了这座彩色吊桥，人们终于可以直接从主路进入修齐镇（摄影：詹姆斯）

1500万元，但其2020年的产值已有200万元。每股也有4000元的收益。

　　乡村振兴的另一大效应，在于唤醒了这些一度偏僻的乡村社会反观自身的文化觉醒。修齐镇位于城口县的宁静乡间，正是这种文化觉醒的生动范例。2020年底，我在导游陪同下来到当地。我们乘坐的大巴停在村外路边，而后被引领着走过吊桥。我发现，桥下的河面宽阔但水位较浅，脚下的木板都被涂成了统一而和谐的颜色组合。摇摇晃晃的桥梁相当有趣，村中的房屋也都是形状各异。

村中的广场上，所有村民穿着盛装，为我们表演了"钱棍舞"。这种当地的非物质文化遗产，让我隐隐想起了儿时女同学集体参与的"马约特舞"，两者都以棍子为道具，舞者也一直在用手指优雅地把这个道具转来转去。当然，两种舞蹈也不尽相同。这里的村民耍竿技术明显要高超得多。只见他们把长长而又中空的竹竿自如地耍来弄去，竿上点缀的一块块银币随着舞步有节奏地噼啪作声。舞蹈有着显而易见的好处，既可以强身健体，也能促进人际关系。

当然，修习舞蹈的主要意义还在于避免村民沉湎于当地流行的打麻将或"斗地主"活动。村委会还力图引导村民克服在某些场合，如婚宴和某些节庆中大操大办、狂饮烂醉的不良习气。

过去的修齐镇房屋破败、环境肮脏。随着村民环保意识的增强，以及大家对于和谐关系的日益向往，这个地方由此经历了一场巨变。村中的公告墙上，国务院颁布最新颁布的"十年禁渔令"特别引人注目。禁渔令旨在重整市内大小河川的生物多样性，让水生生物的数量有所恢复甚至增加，也让一些曾经常见现在却濒临灭绝危险的水生动物——比如江豚——的悲剧不再重演。

公告栏列举了多项事例，告诫村民不要从事任何破坏性的渔业活动，比如利用渔网、有毒药物和雷管在江中捕鱼。此外，村民还被鼓励进行垃圾分类、清扫庭院和路径以保持整洁，禁止放养家禽。公告还诚挚建议村民不再前往林中伐木拾柴、不将自己的摩托车或汽车乱停乱放、合理利用水资源并避免造成污染。

为了保持村民对于相关议题的关心，村中还会组织月度会议，对各家各户在有关方面的表现进行评议。村民很有可能因此受到公开表彰或批评。受到批评的村民还会承受相应惩罚——他们入股的花卉、蘑菇种植基地的相关收益会被扣除少许,这仅仅作为提醒大家注意行为习惯的手段而已。

提到被特别表彰的村民,张家胜先生值得介绍一番。这位本地建筑工曾一度沉湎麻将,现在却放弃这个习惯而变身为著名的"钱棍舞之王"。他成功劝服了50多位同辈村民,一起参与这项城口县的文化遗产保护活动。如今的张先生已近退休之年,已经将自己搅拌水泥的技艺传授给了十几位村民,帮助他们提高收入甚至开门立业。

脱贫和乡村振兴属于统一性的国家战略,但上述许多实例也表明,重庆市政府充分考虑到了全市各地的特色,地方政府和人民因地制宜,确定出最适合当地自身发展、最有成功前景的道路。

同样重要的是,振兴的事业从来都不依赖于施舍的简单方法,而是专注于建立一个可持续的平台,让村民从此可以长期为自己和家人提供生活保障。这是通过医疗、儿童教育和标准住房改革实现的,这些改革消除了最常见的无法管理的债务来源。

与此同时,新的基础设施、培训班、设备和电子商务平台为农村社区提供了增加收入、过上更充实和繁荣生活所需的一切工具。我使用"繁荣"一词的目的并不是指农村社区享有奢侈的生活水平,或者接近货币意义上的富人定义,特别是与城市中心相比,农村生活水平与城市还是有一定差距。

然而,我与社会"草根"人士接触的经历提供了许多感人的故事和巨大的启发,而创新的脱贫致富方法则展示了相关部门清晰的思路和实现全重庆人民更好生活的共同愿望。

  对于一个见证了重庆这些年这种转变的人来说，我很高兴看到朋友们现在渴望有机会去乡村旅行，给他们的孩子一次难忘的户外体验，并与农村那些勤劳好客的人们进行更多的互动。

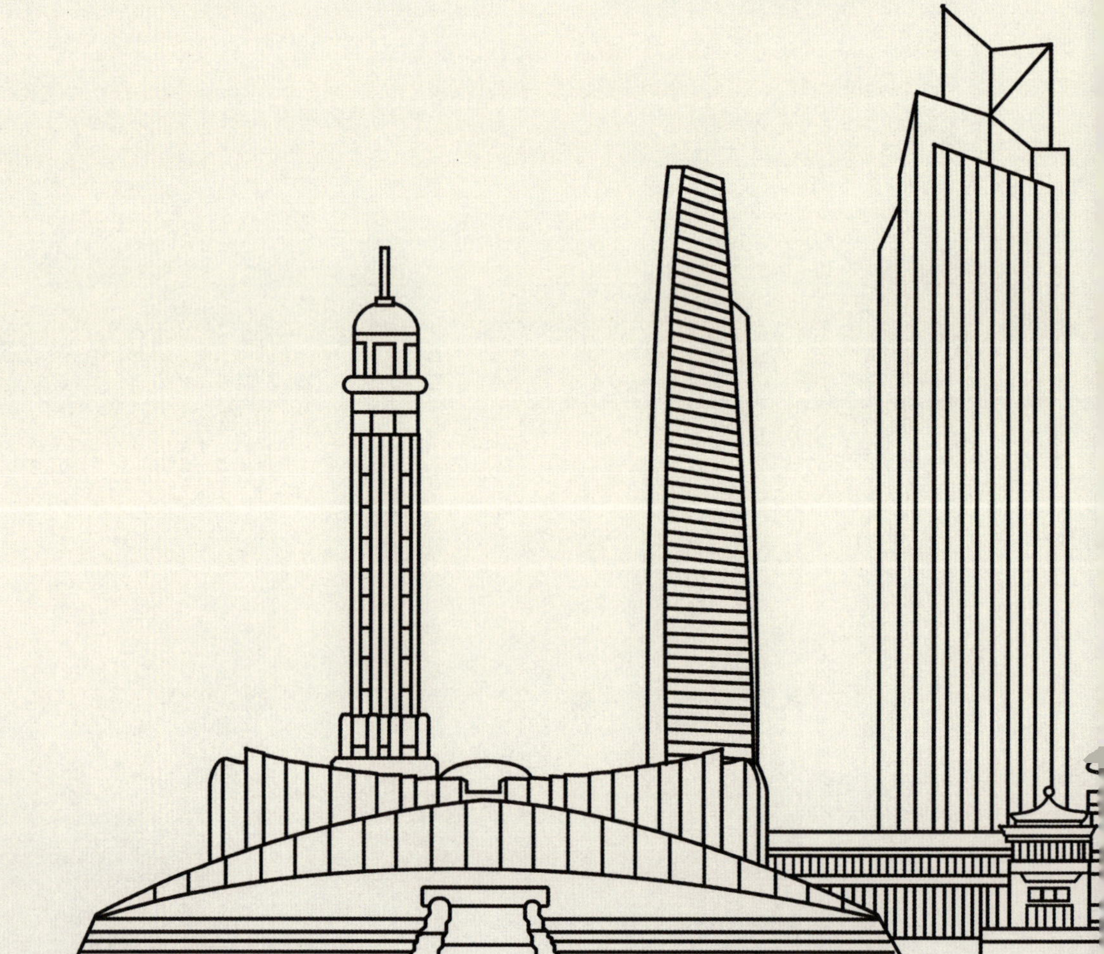

第6章
文化：非物质文化遗产焕然复兴

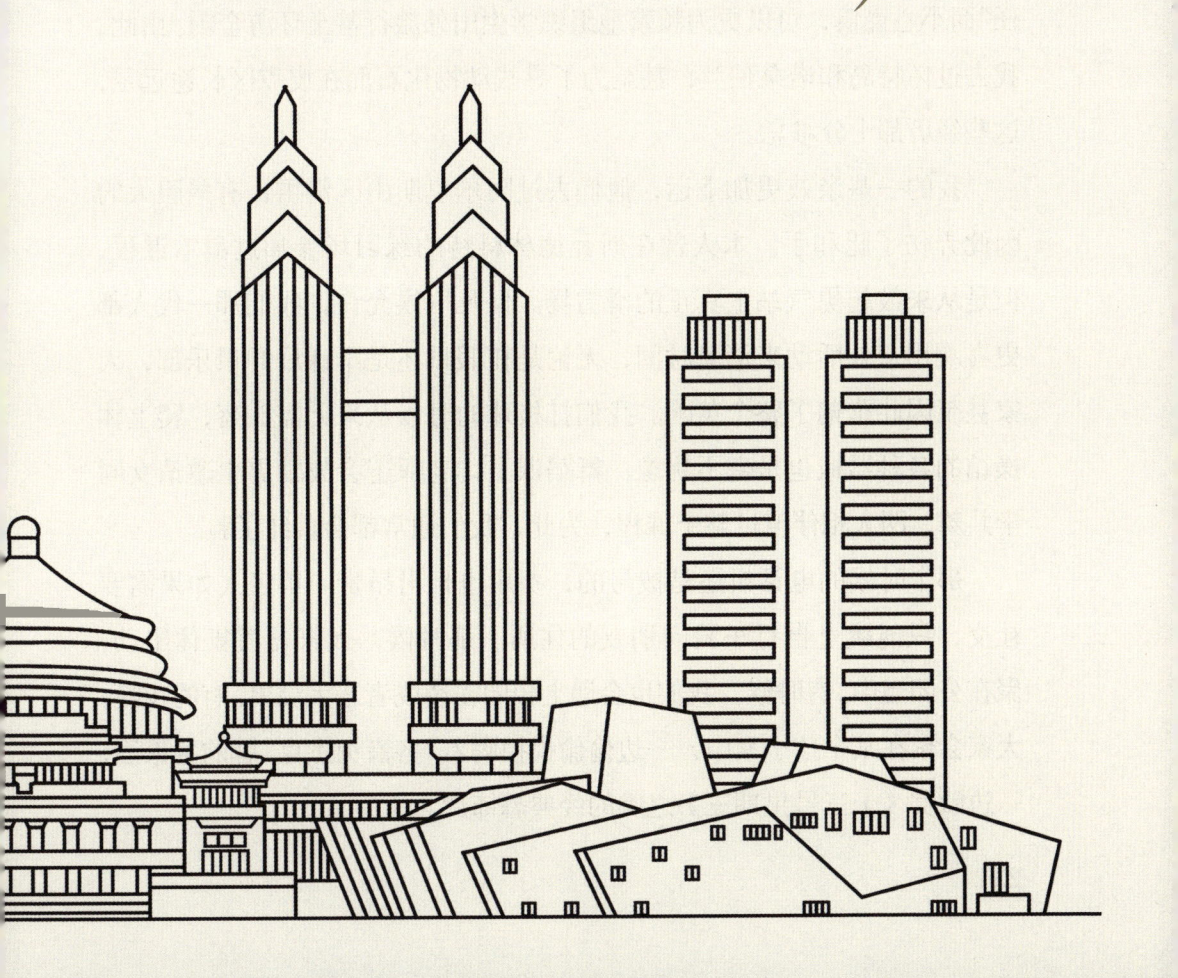

文化传承与保护

我生于1980年,家乡是英国的东米德兰地区。我总觉得,我们这一代人处于历史的转折点,小时候,我们的生活还基于传统的生活方式,拥有传统的价值体系,同时也遵循传统的社会准则。可到我们长大成人之时,又和巨大的技术革命发生撞击,可以说,我们的一条腿还踏在过去,另一条腿却又迈进了另一个崭新的机缘。

回想过去,我发现当今的年轻人已和年轻时的自己毫无相似之处可言。20世纪最后20年,英国的学校生活还不像如今这般因为"未来责任"而小心谨慎,可以更为频繁地组织学生出外旅行甚至环游全国。由此,我去过怀特岛和诺桑伯兰,甚至为了寻找动物化石而在皮克区长途远足,这些经历都十分难忘。

我的一些亲戚更加幸运,他们去过阿尔卑斯山区滑雪,有些胆大的因此弄伤了腿和手。本人曾在斯瓦德林科特的练习场参加过滑雪课程,但是从未鼓起勇气站上真正的滑雪场。但凡气候允许,我们那一代人都更喜欢用室外活动来消磨时间,无论是在假日还是下课后的俱乐部,大家甚至因此跑遍了整个英国。我们打板球的时候从来无需头盔,爬上体操馆的各种器械也是毫不犹豫。舞蹈课上,老师还会鼓励男生邀请女同学共舞,两人相伴度过整个课程,为此,我们通常都会羞红了脸。

那个时候的电话机还是拨号的,费用也相当昂贵。年轻人如果需要社交,只能跳上自行车骑向朋友的住所。那时候,大家习惯集体出动,聚在公园当中。有时候,我们也会遇上校园霸凌或者恶犬滋事。有的夜晚,大家会聚在某个孩子家中,一边偷偷摸摸喝着"吝啬鬼杰克"牌的苹果酒,一边欣赏《十三号星期三》之类的经典恐怖片。

第 6 章
文化：非物质文化遗产焕然复兴

今天大家习以为常的各种智能装备，当年的我们都完全无法想象。家用电脑刚刚摆脱老式"BBC"的模样，仅仅进化到"雅达利"型的形状。提到电子游戏，有人喜欢任天堂，也有人是世嘉的粉丝，两股势力在学校里势均力敌、泾渭分明。不过，两种游戏机都不会让青少年过分上瘾，也不至于形成如今诸多电子设备这般对于年轻用户的控制能力。

当时的电视上只有 4 个全国性的频道，留给未成年人的观赏空间更是稀少。我还记得，当时自己最大的恐惧竟是星期天下午会下雨，如此一来，我们无法外出玩耍而只能困在家里，一遍又一遍地收看《杰森与阿哥诺特》《巨人国》或者《人猿星球》。我第一次与互联网发生联系还是 15 岁那年，地点位于莱斯特市中心。经历非常难忘——父亲带我去了一家刚开业的网吧。网吧的生意一路长虹，红火日子持续了许多年，直到每家每户都可以通过电话拨号上网方才萧条下来。那时候，"网站"这种事物尚且处于不成熟的婴儿期。

第一次上网的时候，我能够打开的唯一一个网页还是某全国性天文学杂志特意推荐的某篇文章。当时的我尝试着浏览了几个网页，却发现网速缓慢得令人窒息，只能宣布放弃。下一次与网络的亲密接触已经是大学期间，只不过，这种接触也只限于发送电子邮件。

在社会准则方面，当时的英国社会尚还以传统价值为尊，无论是人际关系还是学校教育都如此。因此，我们这一辈人都习惯组建家庭、结婚生子。家政课教会我们煮饭烹饪、纺织木工和修理电器。老师和家长都信誓旦旦——等到将来我们成了家，这些手艺总会派上用场。媒体上的娱乐与话题也都绕着"家庭"这个单元转圈。至于同性恋和其他当下西方社会时兴的话题则属于巨大的禁忌，纯真的我们反正在自己的童年从未听闻。而且，我们那一代人都会在 20 来岁的时候选择步入婚姻殿堂，如此的心理造就了一种集体的记忆。我来到中国不到两年便选择结婚，也和这种预设心理模式造成的强烈愿望有关。

新千禧年前夕的英国社会，人们接触非物质文化乃至积极参与艺术活动的机会非常之多。《庞奇与朱迪》木偶秀无疑是我童年时期英国境内最受欢迎的传统表演。据称，木偶戏初入英伦还是在1662年，并于维多利亚时代广受欢迎而成为一种国技。当时，表演对那时候整个社会谨守严从的保守价值进行了辛辣讽刺。我还依稀记得，木偶戏团通常在小学门口搭起红白竖条相间的帐篷，或是选择夏日来临的海边作为场地。演员双手各持一个木偶，口中叨叨地念着台词。观众们也满怀热情积极互动。当然，大家也都异常小心，因为没人想要掉进演员们犀利言辞编织而成的语言陷阱。

我10岁的时候，学校曾组织我们前往怀特岛进行了一次长期旅行。要想抵达此地，我们得从英国南部海岸出发，乘船通过索伦特海峡登上岛屿。那次旅行的片段与点滴至今还能鲜活地闪现在我的记忆之中。我还记得那些夜晚，自己一手拿着冰激凌，一边走出舒适的客栈，沿着日落之后的沙滩悠游漫步。就在英吉利海峡的一侧，坐落着英国国内历史最悠久的主题乐园，大家都叫它"布莱克冈山谷"（Blackgang Chine）。我们这些孩子徜徉在乐园里的迷宫当中，穿梭在真实大小的恐龙模型之间，小约翰·斯特劳斯的华尔兹舞曲《南方来的玫瑰》在空气中欢乐飘荡。玻璃器具乃是当地的非物质文化遗产。一位导游仔细地介绍了各种玻璃器皿的制作过程，包括装饰品、罐子和杯子。一位工人演示了用带着狭窄烟道的砖窑烧制玻璃制品的过程。而后，他举起熔化的玻璃并将其塑造成为一个中空的容器，一边熟练地通过烟道吹风，一边扭动双手为器皿塑形。接下来，在他的小心敲击之下，器皿慢慢显出形状，最后，红得发热的玻璃浸泡在冷水槽里，发出令人兴奋的嘶嘶声。整个过程，都让人莫名兴奋。

第6章
文化：非物质文化遗产焕然复兴

我刚满10岁那年，"梅普尔舞"已经不大常见。我这个年纪的人也很少对此产生兴趣，更不用说参与其中。我只在夏日蓝天的草地之上，见识过那么一两次这种古老的非物质文化遗产。舞者身着一尘不染的白色服装，围绕着装饰着丝带和鲜花的杆跳起复杂的舞步。很不幸，我从小缺乏舞蹈天赋，虽然也短暂地模仿过他们的舞步，但最后只能以放弃告终。不过，这不打紧，观赏舞蹈的经历将会一直留存在我心中，让我对于各种非物质文化遗产兴致盎然，直至今天也未曾消减。

就在最近，重庆的各大区县也纷纷开始挖掘各自的文化遗产，即便它们曾经一度蒙尘而变得不为大众所知。有了官方的认证、物质的支持、富有奉献精神的文化遗产传承人、将文化遗产推广给更多观众团体的活动，以及公众的热情，这些文化瑰宝终于迎来重见天日的机会。传统的舞蹈、木偶戏、皮影戏、手工、美味佳肴和少数民族的高亢歌曲……这里的种种文化遗产再次唤起了我对于曾经见识过的种种活动的热爱。尽管时间已经过去多年，地理上也相隔万里，但在英国东米德兰地区的童年经历仍然无法湮灭。

文化遗产始终在我心中占据重要位置，来到中国以后也从未改变。来华早期，我很少有接触传统艺术的机会。虽然当时重庆最大的剧场就在三峡广场，和我的居所距离不过10分钟路程。剧场拥有坐席800多个，足够举办最为盛大的演出。这里的声光电系统全是进口产品，在质量上也属一流，所有座席呈环形排列，让观众可以随时在无障碍的条件下享受看台上的演出。不过，这里虽有承办世界级演出的硬件，却也一直默默地守在街角鲜为人知。

谁能想到，内饰如此先进的一座剧场，外观竟和周边的其他建筑别无二致。它的入口平平无奇，完全到了不起眼的程度。剧场的名号被高高挂起，来往行人如果不曾昂头仰望，一定难以发现这幢建筑的身份。

而且，我在这里也不过仅仅观看过两场表演，其中一场是芭蕾舞剧《天鹅湖》，表演者是一家来自莫斯科的舞团，重庆是他们中国之行的其中一站。那场演出十分成功，可谓集优雅、技巧与挑战身体极限于一体。可惜，那个时候的本地观众并不完全理解其中的妙处。在他们看来，一场芭蕾表演就和其他的室外聚会并无不同。也就是说，剧场内外时不时就会出现一些影响观赏的因素——迟到的观众、起身奔赴厕所的人潮、突兀响起的手机铃声——接电话的人甚至比台上的音乐还大声。抢购低价门票引发的骚乱，更是一种常见的闹剧。演出开始之后，前排的高价座位往往仍然无人购买。这时，总会有不少人急匆匆地前往占据。总而言之，那个时候的重庆已经拥有高质量的剧院，却没有太多高质量的演出与休闲活动。因此，剧院只有被迫闲置下来，大众也都没有养成观看演出的习惯。

如今，重庆最好的剧场已经不是沙坪剧院，而是重庆大剧院——位于江北嘴的一处巨型的"锯齿状"建筑，建筑的身下就是长江与嘉陵江的交汇之处。重庆大剧院如今就是无数戏剧、音乐和其他剧作的重要表演舞台，其中有些出自国内，还有很多来自国外。每个月乃至每隔几天，大家都可以在这里欣赏到精彩纷呈的演出。每到夜晚，剧院外墙上的LED灯齐齐亮起，呈现五彩斑斓的影像或者其他视觉奇观。附近的摩天大楼都有同样的功能，它们要么自成一种风景，要么就集体联动形成壮观的灯光秀。当然，出于节约能源的考虑，重庆的夜景较之以前已经稍显暗淡。在过去，人们可以到两江岸边、在游轮之上或者南山的观景台处，欣赏这座城市璀璨的夜间灯火。如今，只有在国庆节这样的特殊日子，重庆的夜色才会灿烂如故，达到极致的效果。

出于同样的考虑，以往公众节日必不可少的烟火表演也已不复存在。提到烟火表演，当然要数 2004 年环太平洋经济圈市长会议举行期间的那

备受赞誉的重庆大剧院在过去的10年里举办了许多精彩的演出（摄影：傅南寝）

场盛宴最为著名。半个小时精心编排的漫天璀璨，实在让人难忘。矗立在沙坪坝中心、一览全区风景的平顶山公园设有许多体育设施和休闲凉亭。会议期间，公园的山巅就是烟火表演之中各种烟花、鞭炮与爆竹的发射中心。

近年来，我在重庆观赏过不少难以忘怀的高质量演出，其中包括爱尔兰的"大河之舞"和几位中国籍顶级钢琴家的独奏会。此外，来自纽约的弗拉明戈舞团也曾在国泰艺术中心开演，此地也是重庆的地标之一。红黑相间的钢筋结构交错叠加，让人隐隐约约想起燃烧的火焰。那次表演异常精彩，于我而言更是可爱，在狂热的舞蹈爱好者的邀请下，我与演员有幸近距离接触了一次。由此我知道，领舞的演员曾在演出前夜受邀品尝了重庆火锅，因此当天晚上胃里还有一些不是滋味。当然，以我这个门外汉的眼光审视，她即便抱病演出仍然无懈可击。

这些年来，重庆的演出现场仍会出现一些"不大应景"的不文明现象。但总体而言，这座城市的观众已能为演出人员提供越来越好的陪伴，20年前那些不文明行为渐渐消失不见。随

位于市中心解放碑附近的国泰艺术中心是一座不容错过的现代化建筑（图片提供：视觉中国）

着更多受过现代教育的年轻人纷纷投身击剑、拉丁舞和乐器演奏等课程与活动，人们越来越懂得对艺术的欣赏。

让我们回到"非物质文化遗产"这个话题上面。这些文化遗产都有几百年的历史。为了让它们保持活力，有关部门可谓殚精竭虑。不过，由于传承人日渐减少而且往往身居偏远的区县地域，加上有限的资源和受众，大多数人与之发生接触的机会仍然不多，更别提如今年轻一代的注意力早已被以互联网为基础的传媒科技全然吸引。他们只需要打开手中的各种移动装备，全部精力都会贯注到其中的媒体产品上面。如此严峻的现实，我结识的许多非遗传承人都已有所认识。他们力图通过学校与其他有组织的活动来吸引年轻观众，并希望自己所代表的传统技艺能在青少年的心中留下些许薪火。通过这种方式，他们或许可以战胜现代科技那不可抗拒的诱惑，成功培育出热爱传统的全新一代。

川剧的传承，就是成功的案例。在照母山的南麓，隐藏着一家川剧博物馆兼剧院。来往的司机与路人，都不会注意不到建筑外面以川剧脸谱和主角为主题的各种雕塑与装饰。

我第一次有幸观看川剧全本演出，还是在 2022 年 6 月。观众之中有老有少，十分热情。川剧同样受困于传承人有限的问题，但那次演出给我的印象可是远超预期。首先，我在中国观摩过的大多数演出，包括那次在沙坪剧院观看《天鹅湖》的经历，都采用录制完毕的音乐作为背景。老城区那些面向游客的川剧秀当然更是如此。

唯独这次长达两个半小时的川剧全本演出，拥有现场乐队助演，他们守在舞池之下，为演员全程伴奏。演员与乐队的默契配合让人印象深刻。此外，设计精美的服装、如临实地的背景、考究的道具还有演员展现吐火技艺的情景，都堪称一场献给观众的影音盛宴。整场表演中，演员时不时地要在对白与高亢的唱段之间转换，其间的过程可谓顺滑无碍。

此外，大家还可以看到精彩的打斗、以各种杂耍为代表的人类身体的极限表演和其他的戏曲绝技，一切的一切，都将一出带有浓厚的佛教元素与传统文化的神话故事完美地呈现在大家眼前，其中经典的爱情主题，又能为所有的观众轻松理解。

当天，前来观戏的观众大多很少欣赏过川剧表演。但是年轻的非物质文化遗产传承人组成的演出团队仍让这种古老艺术焕发了光彩。这座位于主城区的川剧院，也成为拓展公众对于戏曲艺术兴趣的最好舞台。

令人印象深刻的川剧院坐落在繁忙的渝北路口（图片提供：视觉中国）

第 6 章
文化：非物质文化遗产焕然复兴

本世纪最初的 10 年，主城区境内还少有机会能接触到类似的非物质文化遗产，大概只有零零星星的传统工艺、某些道教礼仪以及磁器口古镇的娱乐活动，可以让人一窥传统的面容。

磁器口位于嘉陵江畔，距离沙坪坝中心仅有数公里之遥。所谓"磁器口"，自然与陶器贸易相关。清水河流经此地，并在附近的河口汇入嘉陵江。

磁器口古镇曾经是重庆的经济中心，对我个人而言充满了回忆(图片提供：视觉中国)

自清朝初年开始，这座"河口的磁器之镇"就以陶器贸易作为支柱产业。后来，这里的码头因为地利而愈发兴旺，来往出入的舟楫船艇装载的货物产自巴蜀各地。所谓巴蜀，指的是古代蜀国曾经管辖的区域。

231

1918年，一些商人联合起来，在磁器口附近建起工坊。随后，林林总总共有70多家同业工厂在附近兴起。

重庆成为"陪都"后，随之涌入的大批商贾更是将磁器口塑造成了贸易集散中心，所涉货物包括棉花、纺织品、煤油、盐、糖、纸制品等等。磁器口的兴盛要归功于河运的兴起，也和四川盆地内四通八达的长江及其诸多支流有关。码头极盛之时，每天都有300多艘货轮在此等待，附近还聚集了近1600家商号与无数商贩。

1958年，嘉陵江下游兴建起了全新的码头，作为商业中心的磁器口就此走向没落。古镇渐渐变身为民俗文化与古旧遗迹的集中展示区。山腰处的宝轮寺也成了此地的地标。即便身处江上的船只或者远至江对岸，大家也可以看到这座禅院。

如今的磁器口经过修缮，再次成为商业云集之地。大批国内游客来此体会老重庆的风韵。在这一点上，磁器口似乎和洪崖洞这样的当代景点或者重整之后的十八梯并无二致。可是，古镇原汁原味的风情还存留在我的记忆之中。正是在这个富于怀旧色彩的地方，让初来重庆的我见识了许多非物质文化遗产的有趣案例。

我还记得，原来的磁器口可比现在要小许多。那个时候，如今镇上这些时尚的购物中心、餐厅、旅店与房地产项目还都不存在，而是整街整巷的破败房屋与大片大片的荒地。很难想象，后来这里会有如此摩登的面貌。现在的磁器口地铁站，在那时也属于遥不可及的规划。极为少数的本地人想要来此一观，只能搭乘出租或者巴士。鉴于当时糟糕的公共交通状况，许多游客甚至必须选择无证运营的"中巴"作为来往工具。

我第一次来到磁器口是在2003年。当时，镇上还有不少居民。这里是他们生活的地方，镇里一路延续到江边的诸多作坊则为他们提供工作场所。这里的气氛异常安宁，晚间更是寂然无声。零零落落的灯火，勉

第 6 章
文化：非物质文化遗产焕然复兴

强照亮了古旧的砖石或者木头小屋。四周只能听见夜归的行人踏在石板路上窸窸窣窣的声音。正是这样的环境，让磁器口一度成为大家逃避喧嚣的去处。我和妻子的第一次约会正发生在镇上。因此，磁器口于我而言独有一种浪漫的回忆——环境清幽美丽，就连那碗毛血旺也显得异常引人回味，留念至今。

那时的磁器口仍是手艺人的天下。白天，他们在此勤奋工作，到了夜晚则会闭店停业。整个镇上只剩寥寥几家客栈与茶楼还在继续揽客，一些娱乐摊档可供人们搓麻将、玩纸牌，其余真是万籁俱寂。相比如今喧闹的磁器口之夜，可谓天差地别。那个时候，游览磁器口的一大乐趣在于探店——寻访手艺娴熟的钟表匠、木匠、艺人、书法匠人，感受无数曾经兴盛但又逐渐消失的传统手艺。就在宝轮寺外狭窄陡峭的石巷当中，还有好些算命先生开档授业。他们之所以选择这个地界，还和道教信仰中的"灵验"观念有关。

英国传统的夏至节庆当中，也少不了藏身帐篷里、盯着水晶球又手舞足蹈的神汉。我们这辈人清楚记得他们的存在，我却从来没有向类似人等求助的经历。毕竟，迷信似乎已经距离我们的生活太过遥远。

正因如此，我对自己第一次算命经历记忆犹新——我的妻子对我俩的姻缘很感兴趣，于是怂恿我试了一试。结果证明，我那一次被他们狠狠敲了一笔，这还不算其他的附加款项，我也因此打消了常来光顾的念头。我只记得那位道袍加身的算命先生仔细研究了我和妻子的掌纹，又在得知我们的确切生辰之后拿起一本印刷讲究的厚书翻了一番。对书上的文字、图像和无数不明其义的符号，我是一点头绪都没有。最终，算命先生只表示我和我的未来妻子乃是天造地设的一对。快 20 年过去了，回首自己的婚姻，我得表示他当时确是所言非虚。

接下来的十几年内，我又和非物质文化遗产断了联系。无论在流行文化中还是大众媒体上，都很难找到它们的踪迹。偶有机会在繁忙生活间隙接触到这些非物质文化遗产的传承人，地点恐怕也是在边远区县或者偏僻乡村。不过，非物质文化遗产到底还是在中国历经了一场复兴，这也是我十几年中国生活当中遭遇的最大震撼之一。

　　复兴之势，还得感谢宣传部门的协同努力。智能信息科技的初兴，也让诸多文化遗产有了更多可被记载的媒体工具。高清影像之下，传承人也能留下自己的身影与声音，并因此影响千千万万的人。中国的区县级政府部门都设有宣传部门，其职责广泛多元，涉及学习、研究和教育事务的引领，简而言之，其最主要的工作在于通过出版、媒体、新闻、网络和有组织的公共活动等渠道，对社会价值倾向进行规范与引导。

　　扶贫攻坚成功之后，乡村振兴势在必行。其中，非物质文化遗产的再次振兴与公众认知提升有着极其重要的意义。毕竟，相关的传统正面临灭绝的严重危机。一些有志之士为之付出了艰辛努力，用工艺、摄影和书籍、文件等手段对各种非物质文化遗产进行记录，并就此举办公开展览。展览往往在特别的博物馆等场所举办，面向的人群也主要是本地社区居民。鉴于不同地区、不同文化遗产的生存状况并不一致，参与文化遗产保护的个人与组织的热情也没有那么统一，其资金状况更是各有差异。

丰富的文化遗产

　　重庆每个区县都有独特的文化遗产与民谚遗存，有些独特的文化因为内外环境的影响而产生，甚至已经延续数个世纪。了解这一点，方才知道保护工作的不易。我经常造访重庆境内的各个区县，深知各地的地理、气候、口语、民谚、产业、菜肴、民间记忆和旅游特色之间的微妙

第 6 章
文化：非物质文化遗产焕然复兴

差异，此处仅仅列举一些微小的案例。

大足区有着丰富的产业传统，历史上就以出产各种高质量工具，比如金属刀具，而名扬天下。同时，当地还拥有大足石刻这样游人向往的胜地，这里的石刻不但规模庞大，而且异常精美且富含宗教意义。

荣昌区盛产陶土，造就了当地繁盛的制陶业，历经数个世纪一直闻名至今，而且还在不断扩张发展。

城口县有着丰富的森林资源，也有无数以工艺精巧、伐木娴熟著称的木工艺人。考古发

当地博物馆中陈列着工艺精巧的荣昌陶器（摄影：詹姆斯）

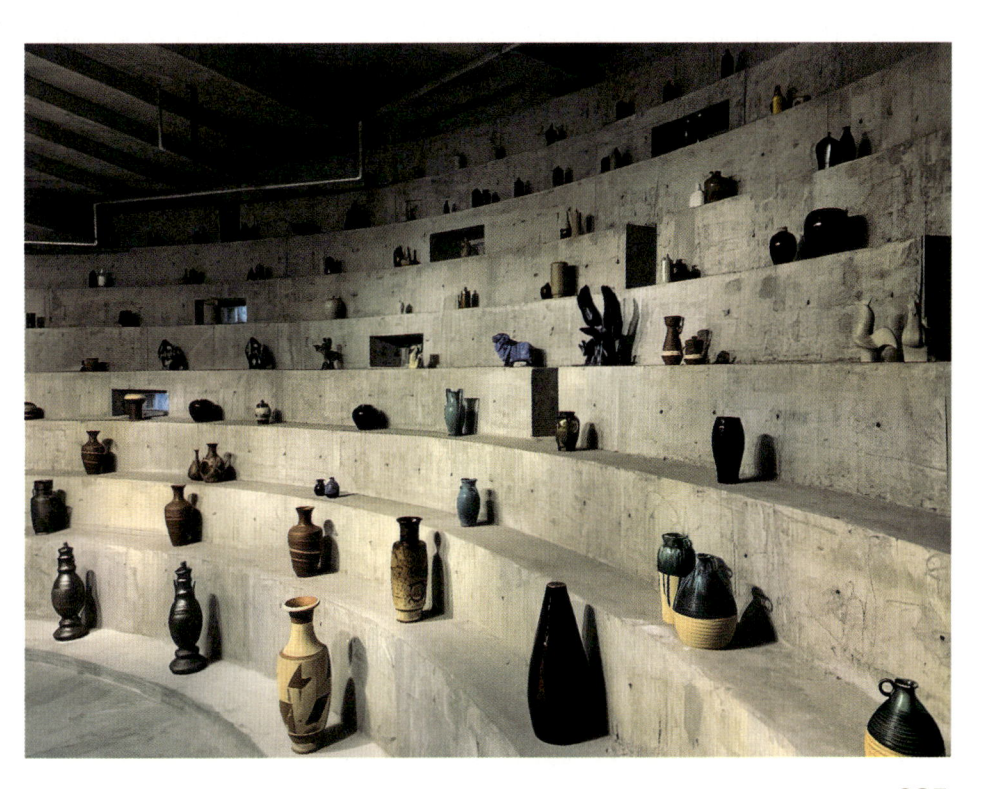

235

现，3000年前此地就因为制作漆器而声名远播。今天的城口同样也是漆器生产的重镇，设计新颖、光滑可鉴、色泽鲜艳的花瓶、屏风与漆盘层出不穷。

重庆各地非物质文化遗产的振兴与保护，乃是本节的主要话题。巫山、丰都与巴南会为大家提供表演艺术与手工艺品方面的保护案例。这些案例个个激动人心，不仅因为其中的历史传承，还有各位传承人的坚定意志——其实，世界各地的人们有着同样的心愿，都希望人性中的生趣、创意与欢愉得到展现。正是这一点最让人感动。

丰都县向来以"鬼城"著称，相关的庙宇已有近2000年的历史。庙宇南面长江，位于名山之上。搭乘游轮离开朝天门码头前往三峡的旅程中，此地就是中途停泊的第一站。

丰都的鬼神传统源于东汉时期的一则传说。据称，阴长生与王方平两位官员曾到丰都名山一带修行。当时的山岳之上就已遍布坟茔、庙宇和各种神祠。不少修道成仙的人也居于此地。丰都成为幽冥世界的代称，正和两位官员的姓氏有关。"阴"与"王"结合在一起，刚好和中文里的"阴间之王"谐音。这里的寺庙与神祠之中，收藏了大量描绘阴间情况的雕像、石刻与壁画，内容大多与前世作恶者遭受的酷刑有关，也有一些获得重生的人等待轮回转世的故事。

寺庙西侧展出的各种壁画与雕刻作品大多阴森可怖，记述了死者一步一步迈向阴间的过程。游览途中，时不时还有突然出现的鬼脸和陡然响起的嘶吼，提醒游客此地此行的意义。总体而言，一趟名山之行大约会花去1小时左右时间，算得上一次紧凑而生动的增长见识之旅。如果游客足够走运，还可以亲身感受一次身心俱受磨炼的经历。

庙宇之内设有"星辰墩"，也就是一块重达365斤的半球形铁块，下设圆形底座，底座上有着环形凹槽，铁块可以在凹槽中移动。有传说称，

第 6 章
文化：非物质文化遗产焕然复兴

相传东汉有姓阴和姓王的两位官员在名山修道，他们的姓氏合在一起就是"阴王"的意思，使丰都有了"鬼城"的别称（图片提供：视觉中国）

此物是因一位当地壮汉为了炫耀臂力而生。壮汉能把铁块在凹槽上自由地推来推去，还可以轻而易举地举起铁块。另一个传说则指出，唐朝的知名将领兼道教门神尉迟恭才是星辰墩的创造者。一切只是为了锻炼筋骨，强身健体。无论如何，我都对星辰墩的发明者充满敬意。毕竟，我费了半天劲也奈何不了这个东西，更别提将铁块举起来，想要做到这一点，恐怕到了下辈子也无能为力。

走出名山的时候，我突然想起了自己在停车场附近某处舞台上观看当地木偶戏——丰都

237

木棒槌戏的情景。第一次看见这种表演的时候，我和团友因此耽搁了十几分钟的时间，而后方才匆匆赶回游轮之上。第二次欣赏木偶戏是在一年之后，我当时要去丰都城区寻访"秦家大院"，因为三峡库区蓄水，这座石雕建筑才被搬迁进城。如今的大院成了当地县级非物质文化遗产的集中展示地，也是认识丰都鬼文化历史沿革的好去处。

制作精美的木偶人物大多与鬼有关，比如著名的捉鬼高手钟馗、阴曹地府的大将牛头和马面、不少青面獠牙的小鬼，以及木棒与酒樽一类的道具。二度来到丰都的我时间充裕，可以一面品茶，一面欣赏木偶戏班的保留剧目。我还带去了一个摄制组，专程记录了这独一无二的文化遗产，又和勤勉守业的传承人见了面。我甚至有机会亲自上阵操纵木偶，当了一把"蜂王"的角色——《阎王娶亲》这出木偶戏里，正是这位"蜂王"在为阎王与阎王的老婆之间牵线搭桥。

张靖女士是丰都木偶戏团的领导，也是这种非物质文化遗产的第三代传人。她最初学艺已是 1990 年的事。当时，张女士从湖南艺术职业学院毕业。2016 年，她牵头成立了"艺佰木棒槌戏团"。戏团定期举办演出，参与人员中有业余爱好者，也不乏受训中的学员，这项濒危艺术的传续与未来正需要靠他们的肩头来承担。所有演出都与本地文化和传说有关，不过，戏团方面也知道创新与现代化改编才是获取更多关注的关键。为此，他们推出了针对父母家长、旨在教化子女的表演，也有为私人寿宴准备的"增福增寿"木偶戏，针对法定节假日和婚礼而专门定制的演出也有不少。本地的木偶戏爱好者为了戏团的发展出力良多，当地的文旅委和非物质文化遗产保护中心同样使出浑身解数致力于这项艺术的生存与发展。他们组织的活动与演出，大大拓展了木偶戏的观众基础。不过，丰都木棒槌戏在年轻一代中仍然应者寥寥，而非遗传承人的培养也是困难重重。自然，戏团的未来并不确定。

张靖女士曾经表示，戏团招收新学员应当具备的最重要品质在于操纵木偶所用的各种技艺，体力也是一大关键。考察的过程中，学员需要举起沉重的木偶道具，每次持续一分多钟的时间。为了给予观众一种栩栩如生的感觉，木偶的行动还必须优雅轻盈，而这同样给了学员以极大的体力考验。

丰都木棒槌戏有着数百年的历史，自然需要同样悠久古老的演出场地。小官山的民居群无疑是一处上选之地。此地的建筑与院落隶属同一家族，始建于清朝某年，后来又因为长江水位上涨而被整体搬迁到了如今的地点，整个过程相当劳神艰辛。

剧场里，观众围着木方桌在窄窄的板凳上就座，每人的眼前都摆着盖碗茶——一盏陶瓷盖覆顶的杯子，而杯里早就泡好了茶叶。蒙蒙细雨中，一根根深色梁柱支撑着一片片倾斜的绿瓦屋顶，构成远处的背景。舞台就在院落中间四方坝子的另一侧，红色的幕布已经设好，幕布的高度恰能遮住操纵木偶的演员，只让其头上的木偶展露身形。幕下，演员们正忙着上台之前的最后准备。

在过去，木棒槌戏总有现场乐队伴奏，伴奏与传统戏曲并无二致，都以强劲的鼓点与清脆的丝竹音乐为特色。至于其中的念白与唱段则由操纵木偶的演员和戏团其他人员负责。时至今日，相关情况早就时过境迁。挣扎求存的木棒槌戏已经很难拉起一支足够专业而又年轻的表演团队。《钟馗捉鬼》《阎王娶亲》《无常醉酒》和《王汤圆驱鬼》这些传统剧目在现场表演期间，也只能采用音配像的形式。前文已述，我曾经体会过一把"蜂王"的角色，这个木偶的身形已算是娇小的了，但操纵起来仍很费力。真正的难点在于操纵木偶上的各种机关，这可需要非常娴熟的指上技艺。同样，要用手掌托起木偶并保持平衡也并非易事，因为演员的手臂必须始终处于直立状态。反正对我而言，区区几秒钟过去，2.5

公斤重的"蜂王"已经变成不可承受之重，我的肩膀开始迅速堆积乳酸，根本无法保持正确的表演身位。

多年来，丰都木棒槌戏在当地爱好者之外几乎无人知晓，但由于传承人的热心奉献精神以及官方对非物质文化遗产的政策支持，社交媒体的出现提供了一条生命线，让这一宝贵的传统能够惠及潜在的数百万网民。虽然未来还没有确定，但我真诚地希望，我们向国内外观众宣传丰都木偶戏的努力将成为这种艺术形式的永恒见证，这种艺术形式将重新唤起人们对

丰都木偶的故事情节取自当地民间传说，如捉鬼人钟馗（摄影：詹姆斯）

第6章
文化：非物质文化遗产焕然复兴

童年娱乐的美好回忆。

　　我曾在本书前面的篇幅提到过，重庆是徒步旅行的最佳地点。每年都有成千上万的国内外游客感受重庆的徒步魅力。只要离开主干道路，拐上一条小径，便可以体验到从现代都市穿越回到几十年前（甚至几百年前）过去的感觉。我如此描绘绝非夸张，遍布市内各处的古旧建筑，正是这座城市历经重要历史事件的鲜活见证。当然，这些建筑曾被长久忽视，其中的许多几乎已经化作废墟，成为杂草丛生的荒芜地带。不过，过去的几年之内，古旧建筑的境遇大有改善。位于弹子石的法国水师兵营就

长江岸边的历史建筑法国水师兵营经过翻修过后重焕容光（摄影：熊力）

是这样一处重焕容光的例子。

1896年，法国政府在重庆开设领事馆，负责管理该国在中国西南地区的有关事务。1902年，隶属于法国领事馆的水师兵营正式竣工。兵营原址全由外籍人员负责设计与建设，曾经长期作为法国士兵和军官的驻地，也是他们的补给站、食品仓库和军事基地。由此，法方可以在长江水道上维持存在感。

如今法国水师兵营已是一处地标性建筑。同时，它也见证了重庆在19世纪晚期开埠并成为国际港口城市的历史。

在重庆各地，像水师兵营这样历经巧妙翻新并再获新生的历史建筑还有不少。法国水师兵营翻新后，深红色的木质地板都是全新的，而且全由手工打造，踩在上面仍会吱嘎作响，仿佛曾经饱受风霜洗礼一般。欧式的窗户和窗框也得到完好地保存。走上开放的回廊，游客可以饱览建筑的美丽结构。这里的四壁、梁柱和俯瞰中央庭院的拱门都被粉刷上了一层白漆。石造露台上面整齐地点缀着一处又一处十字架形状的孔洞。到了楼下，栏杆则由木头制成。游客置身此地不但会有亲眼见证历史的感觉，还可以感受外国设计师带来的异国建筑样式。谁能想象，如此原汁原味的"西式"建筑，竟然会在这样一个地方不期然地出现。

难能可贵的是，重庆的许多建筑开发商不仅仅想要制造一种博物馆式的景观而让人们前来打卡参观，而且兼顾工程长久的实用性。毕竟，一时的新奇难以持续，求新求怪的游客总有一天会厌倦离去另觅新欢。正因如此，如今的法国水师兵营之内，一切现代的待客设施都准备齐全。这里可以作为举办大型社交活动的场地。人们也可以趁着"兵营"里客源不多的时候，来到这里品尝咖啡或者享受美味，度过一个静谧愉快的下午或者晚上。

同样的模式，也被运用到了许多其他的历史古迹，比如建于1910年

第 6 章
文化：非物质文化遗产焕然复兴

位于解放碑的中英联络处旧址在修缮以后显得十分气派
（摄影：詹姆斯）

的中英联络处旧址，这座建筑经过修缮之后显得十分气派。它坐落在解放碑附近，堪与旁边极度现代化的都市面貌、鳞次栉比的摩天大厦与商业中心交相辉映。中英联络处不但富含历史意义与重新修缮的种种巧思，同样拥有巨大的公众价值。这里典型的欧式装修风格，正为许多商家提供了展出场地。许多国际知名艺术家的藏品都在这里得到展出，并被中国各地的爱好者收入囊中。

重庆市中心城区已经成为现代面貌与历史风情之间新旧结合的典范，如此特色，也是国

243

内外游客纷至沓来的一大原因。本地居民对于这座城市的丰厚文化底蕴也是愈发痴迷。其实，就我个人的了解，重庆远郊区县乃至乡野之间，也有不少建筑保护的案例典范。只是它们地处偏僻，游客难得造访而已。

云阳县凤鸣镇的彭氏宗祠便是一个典型案例。此地始建于1844年的清末时代，历经20余载方才完工，其间耗资多达20万两白银。目前，彭氏宗祠仍是重庆直辖市境内保存最为完好的同类建筑。这处碉楼一般的雄伟建筑群之中，要数那座九层塔楼最为吸人眼球，楼上遍

地处偏远的云阳县彭氏宗祠于2013年被定为国家重点文物保护单位（摄影：詹姆斯）

布的炮孔可以射出点上烈焰的箭头或者其他火器，以抵御进犯的敌人。其实，外敌要想进攻此地，也只有一条道路可走。碉楼建于山头之上，三面都与绝壁相邻。建筑群的内部，还有 20 多处当代能工巧匠、画师与书法大家留下的石刻作品。2000 年，宗祠被市政府定为文物保护单位。这处建筑瑰宝的保护工作由此得到了有力保障。2013 年，彭氏宗祠又被评为国家级文物保护单位。

我到访宗祠的那天，还有幸观看了当地独有的"亚亚戏"，这个剧种与"高阳板凳龙"并称云阳双绝，同样都在露天坝子当中展演。如今的"亚亚戏"已然难得一见。在仅有的 4 位已届高龄的表演者外加 3 名同样年纪的乐师的维持之下，这门文化传统还在勠力求存。云阳县博物馆为此设立专区，记录了"亚亚戏"所用的舞台，以及角色的蜡像与一些演出照片。

10 多年来，我在重庆也观看过不少传统戏曲表演。其中，"亚亚戏"的几个特点也相当令人印象深刻。首先，这个剧种的 3 名主要表演者都是男性，却要穿上洗衣妇一般的彩色服装，而且各类小小的饰品——妆容、假发、蒲扇、围裙与鸡毛掸

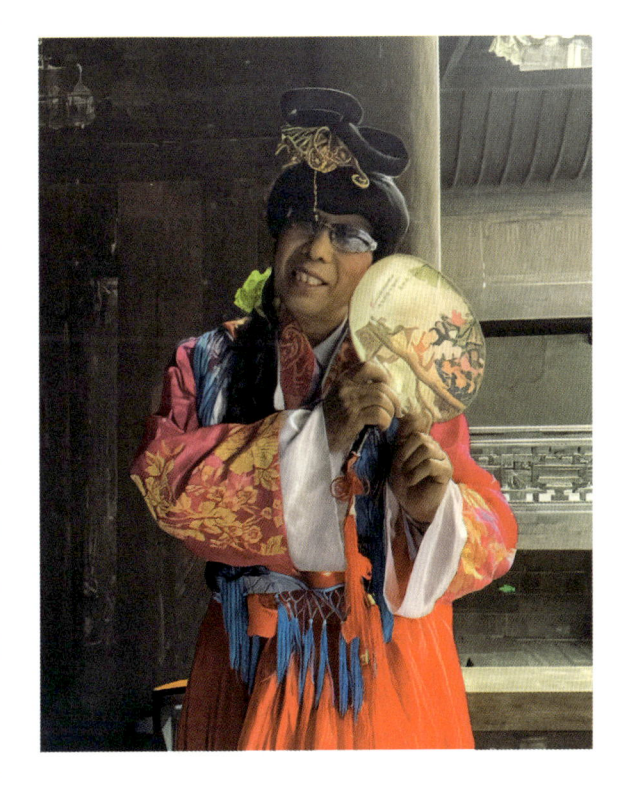

亚亚戏（摄影：詹姆斯）

子——也是一应俱全。他们的样子让我想起了基督教青年会经常组织的短剧表演——表演中，女性角色也经常会由男性反串扮演，妆容与衣衫也是如出一辙地夸张。

亚亚戏中，伴奏的三位乐师始终守在一边，不显山不露水，其中一人负责敲击大锣，另外一位打小鼓，最后一位的乐器则是一对双面板。演出开始的几分钟内，他们奏出的乐调较为单一，但节奏明快、朗朗上口。而后，各位主演相继来到台上向观众致意，同时还会踏出几个简单的舞步。突然，几面乐器齐齐喧嚣起来，而后又集体偃旗息鼓没了声音，几位演员趁机步到舞台中央，由其中一人念开场白。

此外，亚亚戏的另一个特色在于唱词的即兴性。演员可以根据环境的不同，比如婚礼、生辰或其他节庆，作出应景的表演。亚亚戏的唱词都是对句，内容则可以即兴而定。每句唱词的末尾都由三人联声唱出，中间还会夹杂一段鼓点。每位演员完成念词过后，还会在台上齐舞一番，而后再由下一位演员继续表演。

与丰都木棒槌戏一样，我和摄制组将亚亚戏的表演用影像记录了下来。可惜，目前这种艺术形式暂时还是后继无人。不过，云阳县的宣传旅游部门正在积极组织各种现场演出，希望让亚亚戏能够常演常新，舞台永远不会沉寂。

云阳县以东约160公里的地方，坐落着雄伟而神奇的巫山博物馆。博物馆位居一座小山之巅，静静俯瞰长江在山下的江湾流过。馆舍一旁长长的阶梯，将河岸与云阳的新县城连到一起。白天，这里是不少行人锻炼身体的好去处。入夜之后，山上山下的LED灯齐齐点亮，整条混凝土阶梯都在发光。博物馆也化身为一个巨大的屏幕，融入巫山的城市灯光秀之中。想要观看这场经过精心编排的表演，最好的地点乃是江上的游船。

第 6 章
文化：非物质文化遗产焕然复兴

巫山博物馆矗立在巫峡之上，静静俯瞰长江在山下的江湾流过（摄影：詹姆斯）

巫山博物馆新馆于 2012 年底启幕，目前共有藏品 2.8 万件，涉及的历史阶段从新石器时代巫山境内的大溪文化（前 4400 年—前 3300 年）直至今日。各种文物里面，要数 1984 年从龙骨坡遗址开掘出土的石制工具与化石最为有名。其中的化石既有动物遗存，也有人类骸骨。根据地质检测方法的计算，相关骸骨可以追溯到 200 万年以前。

巫山博物馆与三峡博物馆协同合作，努力发掘与记录了百万三峡移民的丰富历史、文化与智慧，让这些因为水库蓄水而选择定居他地

247

石宝寨采用了古代的榫卯技术，整个建筑没有一颗钉子
（摄影：詹姆斯）

的人们得到广泛认识与理解。我去过巫山博物馆多次，对于一次关于长江流域纤夫生活的展览印象最为深刻。当年正是有了这些用纤绳拉动船艇的劳动力，许多船只才能安全渡过险滩。拉纤期间，他们还会齐唱歌谣以保持行动的一致性。

第二个令人惊叹的特点是榫卯建筑的技术，这种技术可以追溯到远古时代，在那时，房屋用没有任何钉子或支架的木板组装在一起，但仍然创造出能够满足居住条件和需求的坚固结构。石宝寨就是一座三角形的榫卯建筑，高56米，共有12层。这个迷人的景点是三峡游轮旅游的热门去处，在美国探索频道上被评为中国七大奇迹之一。

在巫山博物馆顶层，设有一处蔚为宽阔的舞台。我曾在丰都与当地的木棒槌戏巧遇，到了巫山博物馆又惊喜地看到了皮影戏，因此我决定下次带着摄像组专程回到巫山来拍摄这里的皮影戏。"皮影"是指皮影戏中用于表演的皮革人偶、动物玩偶与各色道具，它们斑斓五彩，在两米见宽、一米见长的纱幕背后进行生动的演出。皮影戏的表演场地搭在一方竹台之上，内里设有供演员坐定栖身的空间，还可以容下各种道具和

第 6 章
文化：非物质文化遗产焕然复兴

皮革人偶。这门艺术简直就是古代的"电视机"。据称，它源自唐朝，原本是李世民的妹妹贴在蚊帐之中的装饰品。光线透射造成的效果，启迪并导致了皮影戏的诞生。而后，皮影戏日趋流行，在宋代传入巫山并落地生根。

皮影戏表演期间，4名演员坐在纱幕之后随时待命，每个人都必须担任多重角色，光源则来自悬挂的一盏小灯。他们的主要任务在于操纵皮影人物做出动作，操纵的关键则是一对纤巧的竹棍。请注意，每个皮影人偶并非统一

皮影戏演员正在纱幕后面操纵皮革人偶（摄影：詹姆斯）

249

的整体，而是分别制作的躯干、头部和四肢拼凑在一起而成人形。有时，角色被直接放在纱幕之上，在这种情况下，他们的特征是清晰可见的，而在其他情况下，在马背上的斗剑或场景之间的转换中，他们被优雅地拂过屏幕。演讲和歌曲中的歌词向观众现场讲述了古代君主、将军和臣民的故事，而锣鼓、唢呐和二胡的音乐伴奏则在剧院内营造了一种令人振奋的气氛。

2009年，皮影戏成为市级非物质文化遗产，不过，这门艺术目前也面临着濒临失传的命运。如今，只有何世红先生领导的一组演员还在苦苦支撑。何先生自12岁开始学习皮影戏，年轻时从自己的一位叔父长辈那里获益良多。掌握这门技艺实在需要太多苦功。传承人不但需要同时演出多个角色，还要牢牢记住大段大段的台词，有时候甚至需要开口演唱，曲调之高可以跟一些男歌手相比。当然，最大的挑战还是找到足够多愿意学习这门艺术的年轻人。当地的大多数青年都已涌入大城市寻找工作机会，而皮影戏目前还是一门无利可图的生意。

更大的问题还在后面。目前，巫山县内制作皮影的主力人群大多已经年过七旬。因此，面临传承难题的不只演出人员，同时也涉及幕后道具的制作工艺与其他必要的知识。皮影道具的制作工序异常复杂且耗时长久，涉及从浸泡、去毛、制皮、造型、上色、抛光表面到缝合并安装竹签的一系列工艺过程。

在重庆，所有的非物质文化遗产都多多少少面临着生存问题。它们都需要严苛的练习，却都缺乏观众与爱好者，经济回报不甚丰厚而难以吸引年轻人，更无法让年轻人以此为生、维持现代的生活方式。而且，当下互联网科技能够提供更为便利的娱乐形式，几乎具备不可抵挡的魔力。

对于我而言，能有机会了解到重庆丰富的文化遗产，已经属于幸事一件。况且我不但能够接触这些艺术，甚至还可以参与其中，为它们能

第6章
文化：非物质文化遗产焕然复兴

够扬名国际而作出一点点微不足道的贡献。想到这里，我不能不深深地以此为豪。

重庆的非物质文化遗产并非限于表演艺术。在巴南区，当地宣传部门齐心协力，推广制作美食、锻造工具、木雕、模制黏土、米画等手工技艺，以及老城区居民的传统生活习惯。就巴南而言，他们采取了独特而有趣的方式，定期邀请外籍人士亲身体验当地的文化遗产和乡村美景，以期通过这些活动获得更多关注，而海外游客则会留下终生难忘的美好回忆。

巴南区位于重庆主城南部，即"巴国之南"的意思。"巴国"与"蜀国"逐渐交融，形成了"巴蜀文化"的主体。公元前316年，巴、蜀两国遭到秦国吞并。巴南区前身为巴县，在重庆成为直辖市之后成为一个区。行政区划的变迁，也导致巴南与临近的九龙坡区和江津区的边界几度变更。最终，巴南区形成了一片接近长方形一般规整的区域，仅有一条手指形状的狭长地带，沿着长江南岸向北延展。该区有着丰富的历史和文化底蕴，域内的古镇既有民歌、手工艺等传承多代的非物质文化遗产，也坐拥东泉和南泉等让人乐而忘返的自然奇景。

沿着重庆主城到石柱的高速公路一直前行，并在相应的出口转入省道，又在蜿蜒山路上前进10公里，我们可以抵达景如其名的"丰盛"古镇。这个名字源自明朝末年，因为商贾云集、贸易繁盛而著称，一度获得"长江第一旱码头"的美誉。时至今日，镇上的居民仍然过着传统生活，民居也有着明显的巴渝文化色彩。

老城街道用石板铺就，交错在不同的建筑之间。这些建筑广泛采用榫卯结构技术，覆盖着绿色瓷砖的屋顶配合巧妙安装的排水渠，将雨水从精心设计的屋檐疏通到街道边或庭院内部的排水收集系统中。多达15座瞭望塔矗立在这些建筑屋顶的显眼位置，说明了此地一度猖獗的匪患。有了瞭望装置，封锁城门的命令可以得到及时传达。镇上拥有不少会馆

雄奇山城
一个外国人亲历的新重庆

丰盛古镇曾被誉为"长江第一旱码头"（图片提供：视觉中国）

遗址，它们保存至今，见证了曾经万商云集的盛景。开放的广场庭院每月都会举办茶聚，以便街坊和乡亲互通有无、联络感情。

老城区内仅有 200 米长的主干道两旁，满是售卖当地美食、工艺品、铁器、美酒的主题店铺，还原过去更夫打更的传统活动，还有体现非物质文化遗产的主题建筑。鉴于这条老街丰富的文化沉淀，巴南区宣传部门组织了一次独特而创新的媒体活动，与当地和全国观众分享非遗文化。

第 6 章
文化：非物质文化遗产焕然复兴

有关部门还举办了一场名为"丰盛古镇·十二时辰"的主题活动，记录了辛勤工作的当地居民的日常生活。根据中国古代的智慧，每一天被分为 12 个不同的时间段，以农历中使用的 12 个地支命名。在汉代，这些时间段是以公鸡打鸣、日出、中午、日落和黄昏等特有标记而得名。鉴于这一事件具有高度的纪念性，通过这种新颖的方式宣传习俗的智慧，显然称得上是寓教于乐的典范。

古代的"子时"即是晚间的 11 点至次日凌

丰盛古镇居民的日常生活世世代代地延续着（图片提供：视觉中国）

晨1点，也是午夜时分，小镇居民纷纷入眠的时候。更夫会手持铜锣与竹棍或木棒在街上巡逻。其间，他会反复用竹棍击打铜锣，并在两到三下之后高声喊出当时的时刻。更夫当然要说上一口地道的重庆话，报时的同时也建议居民沉睡之前注意安全。"各位街坊邻居！注意家院安全，小心火烛窃盗！"传统木屋里的居民听闻打更号令，也心领神会地在屋外房檐之下挂好红灯笼，锁上家中的抽屉、拉上门闩、锁好窗户，最后熄灯吹蜡烛。

接下来的凌晨1到3点在古代称为"丑时"。大多数人都已进入梦乡。酿酒的邹家人却正在挥汗如雨。这一家人自幼在酒坊旁边长大，而家中传承人更是在17岁那年便开始学艺。酿酒的第一步是在一个巨大的木制大缸里用泉水清洗重达400斤的新鲜谷物，然后使其在缸中浸泡、发酵、蒸馏，历时15天最后变成酒糟。此时，浓郁而独特的发酵谷物香气萦绕在店面外和街道上。

游客若在合适的时间路过酒坊，可以看到各位师傅将酒糟从巨大的蒸锅中铲出而放入冷却坑的过程。进店的客人们会被热情地鼓励品尝直接从大瓦罐中提取的烧酒——这一待客之道，也是许多人选择再次流连忘返的一大原因。

如今，主城区市中心的各大商家都有着入时的内饰和流程化的待客之道。到了丰盛古镇，身处未经雕琢的农家风情之中，在"石磨豆花"店中小坐片刻，也有另外一番风味。这种感觉非常真实又有点似曾相识，这种与过去相逢的氛围总能让人产生宾至如归的感觉。

早上7点，也是中国古代的"辰时"，本地客人涌入店内，坐在熟悉的位置上享用这里的招牌佳肴——一份豆花、一份辛辣的调料、一份米饭——一切就像仪式一般，而这种仪式已经持续了好几百年也未曾变迁。每一天，店家都会浸泡黄豆使其软化，而后又将其倒入手碾石磨推成糊状，并用天然方法将糊糊凝固成形。对于丰盛古镇的大多数住民而言，每一天都应该从一碗豆花开始。这个传统千年未变。

时钟指向早上9点，按照中国古代的说法应是"巳时"。整个人间就此白昼全开。两队穿着光闪闪的金色外衣、头戴红帽的"莲萧"舞者正踏着脚步走过古镇的小街。街道两边观客汹涌，好一点的位置已被占得满满当当。"莲萧"是属于丰盛古镇的非物质文化遗产，通常会在春节等假日上街表演，主要目的在于制造喜庆氛围。平时，大家也会聚在一起编排、汇演、锻炼，顺便增进乡情。所谓"莲萧"，是指一条涂成彩色的竹竿，竿身上挂有红、绿、黄等几种颜色的彩带。表演者们一边行进舞蹈，一边挥舞竹竿。那场面和我在城口见过的"钱棍舞"有些神似（译者注：有专家认为"钱棍舞"与"莲萧"系属同一种民俗活动）。

下午1点，"未时"已至。活动的焦点转移到了"称心如意"工艺店那位口才很好的店主兼传承人那里。店主姓王，虽然年事已高但仍然耳聪目明、脑筋活络。所谓"称心"，即有传统磅秤的"中心"之意，在汉语中还象征着"顺遂心意"。

店主制作的传统磅秤以精确无误著称，其美名已然传扬60余载。店中售卖的磅秤与秤砣如今仍然有着极高的精度，当然，光顾小店的顾客之中也没有几位曾经亲身用过旧式的磅秤了。但出于对店主绝技的欣赏，店中的产品作为纪念之物仍有不错的销路。时至今日，王老板每天仍然可以制作两把传统磅秤，而无需运用任何现代器具。秤上的量度都系老板利用手工一一刻好，仅凭纯粹的直觉就可以维持极高的精确度。

2020年秋天，我收到邀请，参与重庆电视台《美丽新农村》节目的录制工作并在其中的两集之中亮了相。节目聚焦乡村振兴，也关注非物质文化遗产的保护。参与者有明星名流，也有国外友人，内容则是寻找"乡村（振兴的）代表"。节目共分10集，每一集都以重庆境内的一个区县为主题。

两天的录制过程也是一次独特的旅行体验。其间，节目组还会组织一次游戏竞赛，让两位来宾在一群观众面前推荐当地特产，为时1分钟。而后，观众会根据来宾的知识、口才、性格与台风进行投票，选出最终的"胜者"。

节目组在巴南录制期间，我正好扮演了"国外友人"的角色。竞赛中的一个项目要求来宾表演制作"刘家四合胡豆"的七大步骤。这是丰盛古镇的非物质文化遗产之一，这项特色小吃已经传承了六代人，时间延绵一个世纪有余。

"四合胡豆"所用的豆种来自海拔超过3000米的高原地区，历经挑选、淘洗、浸泡、剁碎、炒制、裹糖和风干的步骤方才制成。参与挑战的我要和一位网络歌手在丰盛古镇的大街上打对台。我们只有3分钟的时间来剁碎眼前的胡豆。实践中，我必须控制手中的剁肉刀认真应付桌板上的胡豆，力道必须适宜，保证豆子能够成功地被一分为二。刀背上沾着的豆瓣必须被扔进旁边的菜篮中，而后又用筷子将豆瓣拨进特制的容器之中以便称重。竞赛开始了不到1分钟，我的胳膊就开始剧痛。那一刻，我对身边的助手在长时间劳动中展现出的专业技能真有万分的崇敬。

而后裹制糖衣的过程同样充满挑战，集技巧、体能与协作精神三方面的考验于一体。我们用了一口巨大炒锅制作焦糖，一名助手将由此而来的黏稠液体倒入筛子，并淋在一篮子的油炸胡豆之上。另一名伙伴则以轻快的动作将豆子抛撒开来，使其均匀地裹上糖衣。至于我，连翻豆子这项工作都没能顺利完成。毫无疑问，相关技巧值得成为一种"非物质文化遗产"。

我第二次在《美丽新农村》中亮相，录制地点换到了临近四川省的渝西荣昌区。在这里，我们见识了当地的"四张文化名片"，拜访了西山雨陶器工坊的两位非物质文化遗产传承人，又见证了黄良谓先生的夏布

第 6 章
文化：非物质文化遗产焕然复兴

这种巧妙的装置是荣昌夏布工业在起步时的一大进步
（摄影：詹姆斯）

工厂。黄先生是夏布第六代传承人，他出身寒微，在改革开放初期开始创业并缔造当地产值超过百万美元的夏布产业，带领曾经贫困的乡村走向富裕。两个成功的故事，都跟传统与创新的交融有着深切关系。开办西山雨陶器工坊的夫妇不但在烧制传统陶器，同样也尝试了不少新鲜的理念与设计。此外，他们改进窑内技术，使陶器的一侧过度暴露于热度而产生新的焦釉效果。至于经营夏布工坊的黄家，则学习了韩国的传统染色技术，又从日本风格的泰迪熊和玩偶玩具中获益良多，从而创造出具有国

257

际吸引力的夏布产品。

让我们回到"戌时"也就是晚上 7 点的丰盛古镇，夜幕下，当地的铁匠正在给店内的炉子加热。而后，铁匠夫妇拿起长长的钳子将炽热的白色铁块从炉子中取出，再用锤子狠狠砸在白铁之上使之完全定型。整个过程，都被我们的摄像师记录了下来，那火光四溅的一瞬实在难以忘怀。小小的店铺，几乎被火炉、成堆的金属饰品、陈列柜和挂在百叶窗后面的铁器完全占据。这里也是中国为数不多仍然坚持传

熊家的铁匠们仍然在丰盛古镇的老街上经营他们的手艺
（摄影：詹姆斯）

统冶铁方法的地方，甚至可能在整个世界都属独一无二。

过去我总觉得，乡村铁匠这个活计只会出现在好莱坞的电影里，抑或仅仅在某个以美国西部冒险为卖点的主题公园里。没想到，我竟然在中国的一个乡村与梦寐已久的职业不期而遇。过去的一个世纪里，小店的主人都在和工业化、大生产的产品作艰苦"抗衡"。我们与店主夫妇相遇的时候，他俩的年纪渐老，离退休的日子已经不远。由于儿女不肯接班，他们一家的铁匠传统行将进入倒计时。店主告诉我们，一旦无法继续制作铁器，他们就将彻底关门歇业。

正如我们所看到的那样，重庆在全市范围内恢复非物质文化遗产方面取得了显著的成功，因为地方政府部门将重点放在了非物质文化遗产的保存、记录和宣传上，这让数百万人了解了其丰富的非遗文化传统，这些传统在过去几代人中都相对不为人知。

"丰盛古镇·十二时辰"这样的创意活动大大加强了公众对于非物质文化遗产的兴趣，而传承人也力图通过各种创意手法吸引年轻一代。他们的作为不可谓不成功，但现实却仍然严峻。无数非物质文化遗产仍然面临灭绝的险境，或是遭遇无人传承的绝地。

因此，我并不打算为本章设置一段欢欣鼓舞的总结陈词，更愿意表达一种幸运——时至今日，我们仍可以体会这些往日人类智慧结晶的幸运。通过这些非物质文化遗产，我们能够窥一斑而知全豹，看一看那逝去不久的过去，并为后人做好应有的记录。想一想吧，倘若有那么一天，我们的文明即将遭遇被迫后退的结局，传统手艺能否复兴，将会直接关系人类的存续问题。

除了针对国人的宣传外，重庆的海外留学生也是接受非物质文化遗产教育的重要群体。如今，国际学生更加渴望在中国接受高等教育，因为中国的课程更具竞争力，技能课程范围更广，与西方国家相比学费更低。自然,这是一次千载难逢的体验中国生活和文化的机会。

重庆的区县中,巴南方面通过有组织的活动与宣传攻势推广非物质文化遗产与乡村旅游的热情可谓数一数二。这种活动的受众自然不止本地居民。他们还曾邀请年轻的外国留学生在天气晴好的周末游览当地的风景名胜,体味龙舟竞赛与中秋节的趣味活动,比如制作那种用糯米制成、棕叶包裹的传统食品"粽子"以纪念著名诗人屈原。据称,屈原在自己所在的诸侯国"楚国"战败后伤心欲绝,选择投入汨罗江——位于今天的湖南省境内的一条河流——自尽。人们为了保证他的遗体不被鱼儿和水下的不知名怪兽吞噬,纷纷选择将食品与酒水倾进江水之中。就此衍生出了今天的"粽子"这种食物。

到了中秋时节,来自亚非各地的留学生则会受邀相聚,了解并学习相关节日的历史背景,同时参与制作"月饼"。这种食品,又牵扯出了一段关于神话人物"后羿射日"和"嫦娥奔月"的传说。据称,后羿忤逆天帝的旨意而将九个太阳射落天际,使得人间免于干旱与酷热。回程中,他得到了一种可以长生不老的神药。后羿本想与妻子"嫦娥"共享这种神药。但是,神药不幸遭到恶徒"逄蒙"的觊觎。最终,嫦娥自行吞下神药,飞上月亮做了神仙。

巴南区针对外国学子的文化遗产推广活动,主要通过"老外在重庆"(Laowai@Chongqing)这个公众号来开展。所谓"老外",是对旅居中国的外国人的一种谐称。在重庆的"老外"多为留学生。当然,公众号有着开放的特性,一些外交人员与其他长期旅居此地的外籍人士也会收到邀请。

巴南区面积广大,文化遗产丰富多彩,而外宾们每到周末自然也不缺造访的地点。他们可以前往果园采摘果品,一面体会优美的自然环境,一面赞叹乡村振兴的巨大成绩。来宾还能在白香山上体会茶叶种植的乐趣,看着云雾缭绕的山间,品味巴南特产的茗茶"银针"——2004年的

第 6 章
文化：非物质文化遗产焕然复兴

巴南区白香山上的茶园出产著名茶叶"银针"（摄影：詹姆斯）

环太平洋经济圈市长峰会上，这款茗茶深得来宾的青睐。此外，参与"老外在重庆"活动的宾客还兴致勃勃地学习了"姜家龙舞"的舞步、体会了"艾灸"这种中国传统医学手艺，以及剪纸、塑造面人、雕刻木雕和拼接彩色米粒画等当地传统艺术形式的各种乐趣。

"木洞山歌"也是巴南区通过"老外在重庆"宣传的非物质文化遗产保护成果之一。山歌的历史可以追溯到久远的巴国时代，来自当地居民农作期间的齐声放歌。歌词各有主题，曲调同样独特。作为一项公认的非物质文化遗产，

雄奇山城
一个外国人亲历的新重庆

一群外国留学生在巴南乡村体验木洞山歌（摄影：詹姆斯）

大量以山歌的曲调、服装和农业为背景的文献已汇编成了一系列的出版物，而像近 80 岁的余良华这样的知名传承人仍定期前往该地区和更广泛的市镇，与现场观众分享这一非遗文化传统。在"老外在重庆"组织的活动中，一群"老外"留学生更是兴冲冲地上台参与了山歌表演。而乡村旅游也让普通观众有机会在现场学习一些简单的山歌和舞蹈动作。数以百计的民歌以其丰富的口语和几乎没有重复的歌词让人难以记忆。然而，特别是一首节奏较慢的民歌已经

第 6 章
文化：非物质文化遗产焕然复兴

成为这一非遗文化传统的代表，它遵循了连续的诗歌结构，即提出两个双句问题，然后依次回答。以我的中文学习经验，中文歌词需要多次练习才能最终掌握，其范例大致如下：

什么红来啥 红满天啰喂

什么红在田中间嘛

红在田中间啰喂

哪样红在啥哪屋团转啰喂

哪样红在脸上边嘛

红在脸上边啰喂

哟嗬喂

太阳出来啥 红满天啰喂

鲤鱼红在田中间嘛

红在田中间啰喂

鸡公红在啥哪屋团转啰喂

胭脂红在脸上边嘛

红在脸上边啰喂

哟嗬喂

什么红来啥 红满天啰喂

什么红在田中间嘛

红在田中间啰喂

哪样红在啥哪屋团转啰喂

哪样红在脸上边嘛

红在脸上边啰喂

木洞山歌能够复兴，得益于新老多辈人的努力。他们在巴南各地巡回演出，将古老的歌谣展现给今天的乡亲。表演中，看客们还被邀请参与到演唱之中，而不是简简单单充当听众。此外，年轻的传承人将传统与现代创新相结合，以期在这个网络娱乐的高科技时代获得更广泛的关注。

年轻的表演者尝试用说唱风格、嘻哈音乐和舞蹈动作传递歌词的意义，为观众带来了相当的兴趣。事实上，在我的重庆之旅中，许多传承人必须接受现代创新与历史传统的结合，其目的是对老年人和年轻人都产生吸引力，后者可能更符合他们的长期生存目标。根据我的经验，这一原则在各行各业都得到了体现，从表演艺术、传统手工艺、贸易一直到现代工业，例如高档火锅连锁店的混合口味，或瓶装米酒的时尚包装设计理念，这是当地政府在实现高质量发展和提高生活质量目标方面所鼓励的。

自然，重庆市尚有大量的非物质文化遗产资源有待公布，他们的传承人数量在悄悄减少，因此我们必须争分夺秒地记录这些古老智慧的遗产，并利用现代通信技术向国内外观众展示他们的辉煌。

推广非物质文化遗产还应考虑地理位置、可用资源和当前发展状况等关键因素。例如，巴南有着发达的交通网络，可以从重庆市中心很方便地到达，有大量的资源吸引公众，专门的社交媒体账号则用英语向世界各地的观众介绍最新的消息和景点。最后，巴南区为重庆市区主城九个区之一的地位，意味着扶贫事业不能像市里更遥远的角落那样引人注目，但乡村振兴的成果随处可见。因此，主城区在努力宣传其文化遗产时，能得益于更强大的基础和更大的休闲空间，而距离偏远的区县仍需要将精力集中在经济发展上，才能以更大的热情享受推广非物质文化遗产的奢侈。

总之，我的总体目标是真实地传达我在重庆20年的大部分时间里，

第 6 章
文化：非物质文化遗产焕然复兴

亲眼目睹的城市变化。看着这座城市渐渐摆脱雾霾笼罩的城市景观、交通堵塞的道路、随处可见的建筑工地、严重污染的空气、嘈杂的城市环境、不发达的交通基础设施、繁琐的办事流程等等，通过坚定不移的决心和奉献精神，变身为如今大家热爱的国际大都市，这其中的努力与艰辛，需要我们日复一日、年复一年地去亲身体验和见证。

尽管早年面临种种挑战，但我从一开始就意识到了这座城市未来的潜力，并满怀期待地关注它发展的每一步，而并没有过于在意当下的不便。与此同时，友好的人们从我到达的第一天起就热情地欢迎我，为我提供了学习、成长和职业的最佳平台，而我对美食、温泉和自然美景保持着永恒的热情，更不用说这个美丽的偶然刚开始几个月，我就邂逅了一生的伴侣。

虽然现在赞美重庆的发展和美丽是一件简单的事情，但我的意图是首先描述这座城市那曾经并非那么美妙的过去，这里的人民克服了起点上的不利因素，实现了在以前看来似乎不可能实现的高质量发展和国际生活方式。在我内心深处，正是这些因素让重庆超越了其他城市。

我不想重复陈词滥调，从一个相对天真的年轻外国人成长为一个新"重庆人"，我觉得我与重庆的探索之旅还没走到一半，随着未来的发展，重庆迷人的前景有望为我带来一个全新的美丽世界。

后 记

为了写作本书，我耗费了半年时间，其间日日都在笔耕不辍，关注着六个章节涉及主题的方方面面。我力图从客观角度呈现重庆的发展，同时又结合个人体验讲述相关变化的过程与起源。于我而言，写书乃是一种全新体验，毕竟，书籍跟新闻报道、个人博客大不一样。不同的媒介各有其特点，也都需要作者全身心投入其间。笔者幼年间，家中藏有不少约翰·勒卡雷的作品。有一天，我翻开其中一本并欣然得知一点——在勒卡雷看来，很多作家在创作的时候，胸中并无成型的框架可言。他们更愿意让情节恣意挥洒，任由故事在克什米尔群山与苏格兰的高地之间来回跳跃。要论曲折程度，我的个人经历当然无法与间谍小说相比。平稳而有逻辑地复述一件件的往事，才是我写作的首要追求。

这本书从我自身的视角出发，乃是一份对于重庆近年发展变化的记录。它的出版并不意味着发展的结束，相反，这座城市将会继续向前，在过往的丰硕成就之上为未来寻求更大的突破。就在我写作本书期间，全新的轨道交通十五号线正在迅速建设之中，横跨嘉陵江的红岩村大桥已经竣工通车。这只是重庆市内一系列最新建设成就的两个范例，它们不但能带动经济发展，而且是更环保的交通方式。通过政策支持、企业孵化、产业园区建设、基础设施完善与人才培育等多种手段，重庆市已为高质量发展提供了良好的综合环境，重庆的技术创新前景由此非常可期。这座城市的市政美化与生态重建工作也在与经济技术发展齐头并进。

后记

各区县纷纷利用自身丰富的自然、人文与经济禀赋，作为吸引全国各地应有关注与大笔投资的有力手段。与重庆的缘分赋予了我独特的人生色彩、全新的生活。未来，还会有更多这样激动人心的日子。也许十几二十年后，笔者还能有机会为本书写下一个姊妹续篇。

我想要建起一座沟通的桥梁，连接起中国与世界，因为迄今为止的中外交流远远不够。外国人能够走进中国的还不多，尚难亲身体验我所见证过的种种发展成就。俗话说"百闻不如一见"，我对此万分赞同。我衷心希望，有朝一日能有数以百万计的外国人来到当代中国看上一看，置身于那些曾经偏远的地方，获得独一无二的旅行经历。也许，他们之中会有许多人将就此爱上这里的生活，在中国待上很长的时间——就如我的经历一般。

最后，我衷心感谢读者对于本书的关注，也谢谢大家对本人初次涉足这个领域所难避免的种种可供改进之处的宽容，非常欢迎各位的批评与指正。同时，也期待本书能够激起广大读者对重庆的兴趣。写作本书期间，我一直从事全职新闻工作，而且还需要照顾家中的一对女儿。因此，我要感谢自己的家人，没有他们给予的时间与平静环境，本书断无可能顺利完成。末了，我还要谢谢外文出版社、重庆出版集团与 iChongqing 海外传播平台，感恩大家的不懈支持与鼓励，有了这样的平台与宝贵指引，这本书才能顺利问世。

图书在版编目（CIP）数据

雄奇山城：一个外国人亲历的新重庆/(英)詹姆斯·亚历山大著；钟鹰翔译．--北京：外文出版社，2024.12．--（解码中国新时代）．-- ISBN 978-7-119-14037-7

Ⅰ．F127.719

中国国家版本馆CIP数据核字第2024KW4589号

出版指导：胡开敏 李 斌 文 芳 别必亮
责任编辑：李 黎 李 茜
翻　　译：钟鹰翔
装帧设计：黄 莉
印刷监制：章云天

雄奇山城：一个外国人亲历的新重庆

［英］詹姆斯·亚历山大（James Alexander）著

©2024外文出版社有限责任公司
出　版　人：胡开敏
出版发行：外文出版社有限责任公司

地　　址：	中国北京西城区百万庄大街24号	邮政编码：100037
网　　址：	http://www.flp.com.cn	电子邮箱：flp@cipg.org.cn
电　　话：	008610-68320579（总编室）	008610-68996182（编辑部）
	008610-68995852（发行部）	
制　　版：	北京青侣文化创意设计有限公司	
印　　刷：	艺堂印刷（天津）有限公司	
开　　本：	710mm×1000mm　1/16	
装　　别：	平装	
印　　张：	17.75	
版　　次：	2024年12月第1版第1次印刷	
书　　号：	ISBN 978-7-119-14037-7	
定　　价：	78.00元	

版权所有　侵权必究　如有印装问题本社负责调换（电话：008610-68329904）